# COOPERAÇÃO JURIDICA INTERNACIONAL
## EM MATÉRIA PENAL:

## ESTUDOS RELEVANTES

**Organizadora:**
Iris Saraiva Russowsky

**Autores:**
Sergio Lauria Ferreira, Ricardo Marinello de Oliveira, Daniele Arcolini Cassucci de Lima, Marcia Maria Costa Azevedo, Sarah Oliveira Cervantes, Arinéia Barbosa de Macedo, Euclides de Almeida Silva Filho, Maria Edna Alves Ribeiro.

AMBRA
UNIVERSITY
press

Publisher: Ambra University Press
First edition: SEPTEMBER 2023 (Revision 1.0a)

**Author:** Iris Saraiva Russowsky; Sergio Lauria Ferreira; Ricardo Marinello de Oliveira; Daniele Arcolini Cassucci de Lima; Marcia Maria Costa Azevedo; Sarah Oliveira Cervantes; Arinéia Barbosa de Macedo; Euclides de Almeida Silva Filho; Maria Edna Alves Ribeiro;
**Title:** Cooperação Jurídica Internacional em Matéria Penal: Estudos Relevantes
**Cover design:** Ambra University Press
**Book design:** Ambra University Press
**Proofreading:** Ambra University Press

**E-book format:** EPUB
**Print format:** Print format: Paperback- 6 x 9 inch

**ISBN:** 978-1-952514-76-0 (Print - Paperback)
**ISBN:** 978-1-952514-71-5 (e-book – EPUB)

Ambra is a trademark of Ambra Education, Inc. registered in the U.S. Patent and Trademark Office.
Ambra University Press is a division of Ambra Education, Inc.
Orlando, FL, USA
https://press.ambra.education/ • https://www.ambra.education/

**Editora:** Ambra University Press
**Primeira edição:** setembro 2023 (Revisão 1.01)

**Autores:** Iris Saraiva Russowsky; Sergio Lauria Ferreira; Ricardo Marinello de Oliveira; Daniele Arcolini Cassucci de Lima; Marcia Maria Costa Azevedo; Sarah Oliveira Cervantes; Arinéia Barbosa de Macedo; Euclides de Almeida Silva Filho; Maria Edna Alves Ribeiro;
**Título:** Cooperação Jurídica Internacional em Matéria Penal: Estudos Relevantes
**Design da capa:** Ambra University Press
**Projeto gráfico:** Ambra University Press
**Revisão:** Ambra University Press

**Formato e-book:** EPUB
**Formato impresso:** Capa mole - 6 x 9 polegadas

**ISBN:** 978-1-952514-76-0 (Impresso – capa mole)
**ISBN:** 978-1-952514-71-5 (e-book – EPUB)

Ambra é uma marca da Ambra Education, Inc. registrada no U.S. Patent and Trademark Office.
Ambra University Press é uma divisão da Ambra Education, Inc.
Orlando, FL, EUA
https://press.ambra.education/ • https://www.ambra.education/

# SUMÁRIO

# SOBRE OS AUTORES

### IRIS SARAIVA RUSSOWSKY

Advogada e sócia do escritório Russowsky, Winter e Guazzelli Peruchin Advogados Associados, sócia na Ad2l Compliance e Proteção de Dados, mais de 12 anos de experiência na advocacia nas áreas do direito internacional, Digital e Processo Penal; doutorado em direito pela Universidade Federal do Rio Grande de Sul (UFRGS), mestrado em direito pela UFRGS, bacharelado em direito pela PUC-RS. Professora na Ambra University.

### SERGIO LAURIA FERREIRA

Procurador Regional da República na 3ª Região/ SP. Ele possui formação acadêmica em Ciências Econômicas e Direito pela Universidade Federal do Amazonas, com pós-graduações em Direito Público pela Universidade Lusíadas, de Portugal. E em Desenvolvimento Econômico e Social pela Fundação Getúlio Vargas. Também realizou o Summer Programme in European Environmental Law and Policy pela Faculty of Law of the Catholic University of Louvain-la-Neuve, da Bélgica. Possui experiência no magistério superior e uma vasta experiência profissional, incluindo atuações como economista na Secretaria de Estado de Planejamento do Amazonas, Promotor de Justiça no Ministério Público do Amazonas e Procurador da República no Ministério Público Federal, onde ele ocupa o cargo Desde 2003, ele ocupa o cargo de Procurador Regional da República.

## RICARDO MARINELLO DE OLIVEIRA

Mestrando em Direito na Ambra University. Possui pós-graduação em Direito Público pela Fundação Escola Superior do Ministério Público do Rio Grande do Sul; Gestão do Esporte e Direito Desportivo pela Faculdade Brasileira de Tributação e Lato Sensu em Compliance, LGPD & Prática Trabalhista pelo Centro Universitário do Sul de Minas.

## DANIELE ARCOLINI CASSUCCI DE LIMA

Especialista em Gestão Estratégica de Negócios (UNIFEOB). Especialista em Direito Processual (PUC – Minas). Professora de Direito Internacional, Digital, Civil e Penal e da Pós-Graduação em Ciências Forenses (do Centro Universitário da Fundação de Ensino Octávio Bastos - UNIFEOB). Advogada em São Paulo, Brasil, há 15 anos.

## MARCIA MARIA COSTA AZEVEDO

Possui Graduação em Direito pela Universidade Estadual do Piauí. Tem experiência na área de Direito, com ênfase em Direito Civil e Processo Civil obtida pela Pós-graduação a nível de Especialização pela Sociedade de Ensino Superior Piauiense (Faculdade Piauiense-FAP). Mestranda em Master of Science in Legal Studies na AmbraUniversity. Advogada. Exerceu o cargo de Agente Administrativo na Procuradoria Geral do Município de Parnaíba-PI. Exerceu o cargo de Assistente-Técnico Administrativo(ATA) na Procuradoria Seccional da Fazenda Nacional em Imperatriz-MA. Exerceu a função de Juíza Leiga no Juizado Especial Cível e Criminal na Comarca de Campo Maior-PI. Exerceu o cargo de Analista Judiciário-Área de Direito na Vara Criminal da Comarca de Bragança,

Polo de Capanema, no Tribunal de Justiça do Estado do Pará-PA.Exerceu o cargo de Analista Judicial na Vara Única da Comarca de Canto do Buriti-PI no Tribunal de Justiça do Estado do Piauí. Atualmente, exerce o cargo de AnalistaJudiciário-Área Judiciária na 56a Zona Eleitoral em Barreirinhas-MA no Tribunal Regional Eleitoral do Maranhão.

### SARAH OLIVEIRA CERVANTES

Bacharel em Direito pelo Centro Universitário do Norte - UNINORTE. Pós-graduada em Direito das Relações Sociais pelo Centro de Ensino Superior do Amazonas - CIESA. Pós-graduada em Direito Tributário pela Universidade Anhanguera-Uniderp. Mestranda em Direito Internacional pela Ambra University. Procuradora da Assembleia Legislativa do Estado do Amazonas.

### ARINÉIA BARBOSA DE MACEDO

Mestra em Direito pela Ambra University-EUA. Pós-graduada em Processo Judiciário pela Escola Superior de Advocacia do Amazonas - ESA/OAB/AM em parceria com a Faculdade Figueiredo Costa/UNIFAL. Bacharel em Direito pelo Centro Universitário do Norte-UNINORTE. É integrante de carreira da Polícia Civil do Estado do Amazonas.

### EUCLIDES DE ALMEIDA SILVA FILHO

Advogado. Mestre em Ciências Jurídicas pela Ambra University. Pós-Graduado em Direito Público pela Universidade Estácio de Sá. Pós-Graduado em Direito Civil e Direito Processual Civil pela Universidade da Região de Joinville (UNIVILLE). Graduado em Direito pela Universidade da Região de Joinville (UNIVILLE).

## MARIA EDNA ALVES RIBEIRO

Mestra em Estudos Jurídicos pela AMBRA University (Estados Unidos), advogada, pesquisadora, integrante de Programa de Extensão Universitário e Orientadora de Estágio em Direito Penal no Centro Universitário Tabosa de Almeida (Asces/Unita em PE), membro da Comissão da Mulher Advogada da OAB/PE.

# PREFÁCIO

É com grande satisfação que apresento este livro como fruto da disciplina na Ambra University ministrada por mim: Direito Penal Internacional, que tem dentre suas temáticas o estudo da cooperação jurídica internacional em matéria penal, criminalidade transnacional, criminalidade internacional, Tribunais Penais Internacionais, dentre outras. A disciplina é resultado da junção de duas temáticas que despertam muito interesse dos alunos: direito penal e direito internacional.

Se por um lado essas duas disciplinas isoladamente são instigantes, a junção delas não teve outro resultado a não ser sucesso nos debates. Mas antes de ingressarmos nas temáticas específicas desenvolvidas pelos alunos, é fundamental entendermos o contexto histórico.

O século XX foi marcado por uma série de acontecimentos importantes que fizeram com que os Estados repensassem uma série de questões. O fim da segunda guerra mundial traz como consequência a necessidade de colocação do ser humano no centro dos debates jurídicos e uma maior integração entre os Estados para evitar um novo conflito.

Assim, uma nova ordem mundial se estabelece e novas necessidades jurídicas surgem em razão da constatação de que o Estado não é auto-suficiente para resolver certas questões e que seu isolamento representa um retrocesso, já que seu crescimento está vinculado à relação dos vários Estados independentes entre si.

A cooperação internacional em matéria penal ganha destaque a partir da necessidade de formular resposta diante da problemática da defesa social estar limitada ao território nacional e a deliquência estar tomando caracteristicas de transnacionalidade: o mundo se globalizou e o crime também, logo, novos mecanismos são necessários para controlar a impunidade.

Com base nessa necessidade e na relevância da temática nos tempos atuais é que a Ambra University criou a disciplina de Direito Penal Internacional, com o objetivo de estudar temas específicos que acabam sendo vistos de forma superficial nos cursos de graduação em direito.

Esse livro é a junção de trabalhos de destaque dos alunos que cursaram a disciplina e com certeza são de grande relevância nos debates atuais.

Convido a todos para embarcarem nessa reflexão e desfrutarem da leitura.

Iris Saraiva Russowsky

# A APLICAÇÃO DAS NORMAS DE DIREITO PENAL E A TEORIA DOS JOGOS

Autor:

Sergio Lauria Ferreira

A aplicação das normas de direito penal no cenário internacional, parecem exigir do seu intérprete mais do que uma simples descrição de sua extensão e funcionamento. O trabalho, se bem executado, o levará a perquirir, em primeiro lugar, como é possível ao direito, sendo uma ciência fundamentalmente hierárquica, tornar-se uma realidade numa ordem essencialmente anárquica como se diz da sociedade internacional? Isso o fará inevitavelmente descobrir a importância de uma teoria das Relações Internacionais, que possa servir não apenas para explicar a viabilidade da aplicação da norma jurídica nessa situação, como também ajudá-lo a controlá-la, pois, como lembra Waltz (2002), na relação entre leis e teorias, além da necessidade de explicá-las as teorias têm o desejo de controlá-las.

Esse "controle" da norma legal, se bem interpretado, diz respeito à eficácia que dela se espera em sua aplicação. Em relação à norma penal internacional é comum que se questione, por exemplo, a vontade política de um determinado Estado em cumprir com as obrigações por ele firmadas em tratados internacionais quanto a processar e punir seus nacionais por crimes cometidos no estrangeiro. Prevalece nessa situação o senso comum de que o velho conceito de proteção integral ínsito na relação entre Estado e seus nacionais, alimenta a opção pela "fuga" do nacional infrator para seu país de origem, sendo esta sempre a melhor alternativa em termos estratégicos. A não persecução, nessa hipótese, seria o prognóstico mais realista, o que acaba desafiando a relevância ou a força cogente da norma penal internacional no plano interno dos Estados.

Teorias que se pretendem consistentes nessa área devem privilegiar, assim, fatores tanto comportamentais quanto estruturais vinculados às escolhas e às decisões que irão se processar em torno do assunto. Nisto, a Teoria dos Jogos, dentro de uma racionalidade instrumental, parece constituir-se numa ferramenta promissora, hábil, em larga medida, a revelar a solução mais racional a se adotar, e as estratégias a seguir em situações desafiadoras, dada a sua reconhecida aplicação no campo das interações sociais. (Dougherty e Pfaltzgraff, 2003).

O presente artigo visa a apresentar uma sistematização sobre o tema, valendo-se ao final do estudo de um caso de grande repercussão na esfera internacional, ocorrido em Milão na Itália, referente ao crime de estupro de vulnerável pelo qual foi condenado naquele país o ex-jogador brasileiro de futebol, Robson de Souza, Robinho, juntamente com um de seus amigos. O trabalho possui caráter acadêmico, buscando abordar pontos que entende de maior relevância, ao tempo em que se limita ao tratamento da matéria para fins eminentemente teóricos. As conclusões a que chega devem, portanto, ser tomadas dentro desses parâmetros, sem qualquer pretensão de constituírem-se em parecer jurídico sobre quaisquer questões em disputa.

# O DIREITO PENAL INTERNACIONAL E A SOCIEDADE INTERNACIONAL

O Direito Penal Internacional, bem como o Direito Internacional, ou ainda o Direito Transnacional Penal, para usar a expressa Cryer, Robison e

Vasiliev (2019), que envolve as normas tanto internas quanto externas dos Estados, estão vinculados à ordem internacional tanto em decorrência de suas fontes - os tratados e convenções internacionais celebrados entre os Estados soberanos - quanto em virtude de seu objeto – a cooperação jurídica internacional e os crimes transnacionais que conferem a eles um conteúdo que se irradia necessariamente para além das fronteiras nacionais (JUPIASSÚ; 2020, p. 21). Saber como executar tais normas numa sociedade aparentemente anárquica, parece ser a questão desafiadora nesse contexto. Para isso, é preciso compreender, antes de tudo, os vários aspectos com que se apresenta a sociedade internacional.

## ASPECTOS DA SOCIEDADE INTERNACIONAL E SUAS TEORIAS

Martin White, já em 1960, afirmava que "a mais importante pergunta que se pode formular na teoria internacional é: o que é a sociedade internacional?" (Mello, 2004, p. 51). Essa questão atravessa o tempo e continua a desafiar os esforços de sistematização ao seu redor. Isto muito em função de sua natureza cambiante, o que dificulta a fixação de padrões científicos. É nesse contexto que o referido conceito de anarquia toma corpo e serve para dar sentido a uma concepção dessa sociedade, tida como realista. É o que faz Waltz (2002) em sua Teoria das Relações Internacionais. Ao abordar o sistema internacional (diferenciando-o das unidades em interação, os Estados), argui que a anarquia é definitivamente sua condição estrutural, e por mais paradoxal que isto possa parecer, apresenta ela uma regularidade tal, que permite que seus eventos possam ser antecipados e assim ser tratados cientificamente. Tal condição, segundo ele, acaba afetando fortemente a cooperação internacional e a extensão dos acordos eventualmente celebrados entre os Estados.

Esse posicionamento é, todavia, contestado pela corrente racionalista, que, conforme Jackson e Sørensen (2003), defende que os Estados não podem ser tratados como coisas com existência autônoma, devem ser tidos sim como manifestação de vontades de seres humanos que atuam, ora como cidadãos ora como governos, pois são esses que compõem na verdade a sociedade internacional. Ao destacar a racionalidade como inerente a todo ser humano, que os capacita a compartilhar os mesmos valores vitais, independentemente do fato de estarem ou não sob o mesmo governo ou da condição anárquica eventualmente presente nas relações internacionais, a abordagem racionalista procura enfrentar o principal argumento realista, baseado nas limitações impostas pela anarquia, através da própria racionalidade, vez entender que os humanos como seres racionais podem reconhecer como fazer a coisa certa, e aprender com os erros de outros).

Os revolucionistas, por sua vez, reforçam o aspecto da racionalidade, mas o fazem dando ênfase à "unidade moral" da sociedade humana para além do Estado. Conforme Jackson e Sørensen (2003), são eles cosmopolitas ao invés de estado-centristas. Sua teoria é progressista e visa, acima de tudo, mudar o mundo. De inspiração notadamente kantiana, a mesma corrente toma a interação social como meio para se alcançar o agir ético, o que abre caminho para uma justificação da norma jurídica através de um processo pós-metafísico, como o faz Habermas (1996, p. xii) em sua análise da tensão existente entre validade e facticidade.

Seja como for, é de se reconhecer que quando confrontadas com a realidade, nenhuma dessas correntes pode ser aceita ou desprezada totalmente, vez que representam, em última análise, visões parciais sobre os vários aspectos em que se apresenta o mundo político internacional, o que as torna mutuamente complementares (Jakson e Sørensen, 2003). Sendo assim, mesmo se fosse tomada como paradigma para a compreensão do fenômeno jurídico na ordem internacional, a corrente racionalista, em sua tentativa de suplantar o problema posto pelos realistas sobre o domínio estrutural da anarquia entre Estados, teria ainda que contar com o que propõem os revolucionistas sobre o surgimento de uma esfera pública mundial suficientemente madura e capaz de fazer valer os seus postulados universais racionais como medida de eficácia da aplicação da norma penal.

Habermas (2011), todavia, reconhece que ainda não existe essa esfera pública mundial ou supranacional, na forma de uma sociedade civil internacional interligada, constituindo-se ela apenas um projeto, vislumbrado hoje no papel desempenhado por organismos internacionais, como a Anistia Internacional, por exemplo. Enquanto essa sociedade civil internacional não for uma realidade, portanto, continuará a norma penal internacional, dependente, em sua aplicação, de um elemento volitivo, vinculado ao contexto estatal de origem, e ainda sujeita às circunstâncias e contingências que marcam a atuação do respectivo Estado no plano internacional.

Nesse sentido, para se entender a aplicação da norma penal internacional, é necessário se observar o substrato intencional presente em sua edição e aplicação. Quando dele se aproxima o intérprete, acaba em meio à atuação de fatores fortemente pragmáticos, tendentes a refletir o interesse dos governos que as editaram e dela fazem uso. Aqui, inevitavelmente, entra-se no campo da chamada política internacional. Nela vigora explicitamente uma espécie de racionalidade, que se convencionou chamar de racionalidade instrumental, a qual é concebida como a capacidade de se escolher a melhor forma de satisfazer um objetivo pessoal, por meio de um determinado poder de influência. Este é um elemento oculto no cenário político, mas que tem merecido grande atenção da ciência política, como a sistematização feita por Maesse (2020), a qual baseada na teoria de poder de Michel Foucault, propõe a classificação de três tipos de poder de influência, o performativo, o imaginário e o simbólico, que serão utilizados mais diante neste artigo.

Dentro dessa noção, portanto, a política internacional pode ser descrita como a tentativa de um Estado influir em outro Estado, ou qualquer ator internacional, utilizando-se para isso de vários instrumentos de indução, de natureza política, econômica e militar, (Dougherry e Pfaltzgraff, 2004). Entre os elementos políticos podem ser incluídos os jurídicos, pois é invariavelmente através deles que o esforço de cooperação penal internacional se processa entre os Estados. Nesse sentido, Mello (2004, p. 89), citando Prosper Weil diz que "o sistema normativo é apenas um instrumento manejado pelos juristas, mas cuja substância é determinada pelos políticos a serviço de objetivos de caráter político.". Isto, em certa medida, empresta à norma penal internacional um caráter instrumental, no sentido de, por meio de sua aplicação, exercer-se influência no mesmo plano.

# A EXTRADIÇÃO E O SEU COMPONENTE POLÍTICO

A extradição é reconhecidamente a mais conspícua forma de cooperação jurídica internacional e que mais expressa um fenômeno político. Isto porque relaciona-se diretamente com a afirmação da soberania estatal. Ao entregar um cidadão a outro Estado para ser processado e julgado, o Estado requerido abre mão de sua soberania para reconhecer não só como válida a existência de lei ou tratado nesse sentido, mas como oportuna sua participação na realização da justiça internacional. E o oposto também é verdadeiro. Mas, assim como "a violação da lei não é o contrário de sua aplicação... e sim um modo de lembrar sua origem e sua função" (Mello, 2004, p. 89), o não atendimento a um pedido de extradição por parte do Estado requerido, não se convola simplesmente numa não extradição, mas sim numa forma de lembrar das condições impostas à mesma extradição definida em alguma lei ou tratado, vis a vis o sopesamento que faz de sua oportunidade.

Isto é tão significativo, que a adesão dos Estados ao Tribunal Penal Internacional, por exemplo, contou com um artifício jurídico-conceitual constante do próprio Estatuto de Roma, que veio a contornar o problema em torno da entrega de nacionais ao TPI, através do processo extraditório. Em seu Capítulo IX, o Estatuto trata da cooperação internacional do auxílio judiciário, disciplinando a matéria, do artigo 86 ao 102. Essa cooperação é fundamental para a viabilidade e êxito do próprio TPI. Ocorre que muitos Estados como o Brasil (art. 5º, LI, da CF) proíbem a extradição de nacionais. A solução do impasse foi encontrada no próprio Estatuto que em seu art. 102 resolveu distinguir o conceito de extradição e o de entrega: por entrega, entende-se a rendição de uma pessoa ao Tribunal Penal Internacional; por extradição entende-se a rendição de uma pessoa por um Estado a outro.

Tal providência foi o suficiente para adequar a questão aos ditames da Constituição Federal, tornando viável a adesão do Brasil e de outros, ao Tratado, através da possibilidade de entrega ao TPI de brasileiro nato, pois, nessa eventualidade, como se diz, o Brasil não estaria abrindo mão de sua soberania para um outro Estado, mas em favor de um organismo internacional, o TPI, do qual ele mesmo faz parte. As razões que, ora coalescem as vontades estatais, ora as distanciam no processo de extradição, constituem ambas uma manifestação sobre a conveniência de influir no cenário internacional. A política internacional, nesse sentido, se entendida como um processo de escolhas baseadas numa racionalidade que serve a fins preestabelecidos, pode, em certa medida, ser objeto da aplicação de instrumentos lógicos e matemáticos, a fim de se identificar os objetivos, as estratégias e os resultados da ação de seus atores.

# A TEORIA DOS JOGOS

A Teoria dos Jogos, aparece, nesse contexto, como um esquema objetivo de identificação de escolhas e determinação de estratégias, que tem servido a governos e indivíduos no enfrentamento de impasses. Ela foi apresentada no livro Theory of Games and Economic Behavior, publicado em 1944, por John von Neumann, juntamente com Oskar Morgenstern. Ali, um jogo é definido como a totalidade das regras que o descrevem. A teoria em si consiste em compreender as várias combinações de movimentos que se processam no jogo, de acordo com o entendimento que cada individuo tem sobre as ações dos demais e de como os seus resultados podem afetar suas próprias escolhas, no sentido de encontrar uma estratégia dominante para ambos os jogadores.

## CONCEITOS BÁSICOS

Alguns conceitos básicos da TJ estão relacionados aos procedimentos do jogo (game), como o movimento (move), definido como uma ocasião abstrata; o jogar (play) como a alternativa escolhida no sentido concreto, e a escolha (choice) o seu resultado. O jogo, então, consiste numa sequência de movimentos (moves) e o jogar (play) numa sequência de escolhas (choices). (Neumann e Morgetern, 2004).

## UTILIDADE

Outros conceitos relacionam-se diretamente com o comportamento de cada participante e a racionalidade deles esperada. O da utilidade, por exemplo. Ela tenta responder à pergunta fulcral para a TJ, que é a de saber se o comportamento dos participantes pode ser, de alguma forma, mensurado. Utilidade aqui, como lembram Heap & Varoufakis (2004, p. 8 e 10), refere-se apenas à função utilidade e não deve ser confundida com o sentido dado a ela pelo Utilitarismo, porque nele, como o faz Mill (2005), a utilidade é identificada com a própria felicidade universal, calcada no sentido de prazer, presumindo ainda que se pode comparar a utilidade de uma pessoa à de outra, o que é contestado pela tradição econômica.

Esse conceito, por outro lado, segundo Kydd (2004), parte do pressuposto de que tanto as pessoas como os estados têm preferências sobre como o mundo deveria ser, e acabam agindo segundo esse entendimento através das escolhas que fazem. Tais preferências podem se apresentar na forma ordinal, em que se escolhe um bem entre outros outro, nada revelando sobre sua magnitude dessa preferência; ou na forma cardinal, em que é medida a intensidade daquilo que nos é útil.

## ESTRATÉGIA DOMINANTE

O conceito de estratégia dominante, por sua vez, reporta-se à melhor escolha oferecida a um dos participantes, independentemente da escolha do outro. No "dilema do prisioneiro" a estratégia dominante para cada um dos jogadores será sempre a de confessar o crime. A noção de estratégia dominante de equilíbrio representa, assim, o ponto ótimo atingido conjuntamente pelos jogadores. Ou seja, quando ambos os jogadores obtêm ao mesmo tempo uma estratégia dominante após seus movimentos, diz-se que o jogo chegou a uma estratégia dominante de equilíbrio. Conforme Mell e Walker (2014, p. 143), ela representaria a predição de como na visão dos teóricos o jogo deveria ser jogado.

# A APLICAÇÃO DA TEORIA DOS JOGOS

A aplicação da Teoria dos Jogos pode ser feita, basicamente, em dois tipos de jogos: os jogos simultâneos e os jogos sequenciais. Simultâneos são aqueles em que todos os participantes movimentam suas peças ao mesmo tempo, enquanto nos sequenciais desenvolvem suas jogadas em diferentes tempos. Isto vai ter influência no tipo de estratégia a ser adotada por cada jogador. Um exemplo de jogo simultâneo e de estratégia dominante dele resultante, é o do conhecido "dilema dos prisioneiros". Numa de suas versões, dois assaltantes são apanhados praticando um roubo a uma joalheria. Levados à delegacia de polícia, são interrogados separadamente, ocasião em que lhes é feita a seguinte proposta, como forma de obter-lhes a confissão: se ambos os prisioneiros não confessarem o crime de roubo, ficarão sujeitos às penas de dois crimes menores, o de invasão de domicílio e o de dano a propriedade, podendo ser a eles aplicada uma pena de 3 anos; caso apenas um dos prisioneiros confesse a autoria do crime, ficará ele sujeito a uma pena de 2 anos, enquanto o outro à pena do crime de roubo de 8 anos. Se ambos confessarem, ser-lhes-ão aplicadas igualmente uma pena de 6 anos.

Uma vez que os dois não sabem qual será o comportamento um do outro, associado à falta de confiança recíproca, a opção mais segura para ambos, dentro da racionalidade dos jogos, é que confessem ambos o crime. É assim que se alcança o equilíbrio entre as estratégias dominantes. John Nash provou que tal equilíbrio no dilema do prisioneiro, dentro de todas as opções possíveis, é o que resulta para os dois prisioneiros numa traição recíproca - trair/trair. (Heap e Varoufakis, 2004). A Tabela 1, abaixo, resume essa estratégia.

Tabela 1

| | | Prisioneiro 2 | |
| --- | --- | --- | --- |
| | | Silenciar | Confessar |
| Prisioneiro 1 | Silenciar | -3 | -2 |
| | | -3 | -2 |
| | Confessar | -8 | -6 |
| | | -2 | -6 |

Essa teoria, embora busque oferecer a um comportamento a opção mais racional quanto às alternativas que a situação impõe, não tem, no entanto, o poder de prever os resultados no mundo real. Segundo Dougherry e Pfaltzgraff (2003, p. 714 – 715) ela "se baseia naquilo que entende ser o comportamento racional correto em situação em que os participantes tentam ganhar – para maximizarem ou para minimizarem as perdas – e não naquilo que seria o comportamento real dos actores nessas situações". Qualquer tentativa de observação, portanto, do fenômeno social por meio de suas lentes deve adequar-se a essa condição, da qual o caso Robinho não constitui exceção. Sua análise sob esse prisma serve tão somente para fins de demonstração daquilo que pode ser considerado o resultado de uma racionalidade instrumental.

# O CASO ROBINHO

## O RELATO DO CASO

O caso Robinho, conforme ampla divulgação na mídia (Lima, 2022), refere-se a um crime de violência sexual em grupo, praticado, em 2013, numa famosa boate localizada em Milão, na Itália, a Sio Café, tendo como autores o ex-jogador brasileiro de futebol, Robson de Souza (Robinho) e seu amigo, Ricardo Falco, e como vítima uma mulher albanesa de 23 anos. O processo-crime instaurado naquele país acha-se definitivamente julgado pela sua Corte de Cassação italiana, desde 19.01.22, a qual negou provimento ao recurso interposto pelo ex-jogador, tendo sido mantida a pena de 9 anos de prisão a si aplicada. A primeira condenação ocorreu em novembro de 2017. Nessa ocasião, Robinho já havia deixado a Itália desde 2014, quando fora intimado a depor no inquérito que apurava o crime. O ex-jogador sempre negou a acusação, mas confirmou que manteve relação sexual com a mulher, dizendo ter sido consensual e sem outros envolvidos.

No julgamento realizado em segunda instância, em dezembro de 2020, a Corte de Apelação de Milão manteve a condenação inicial de nove anos de prisão, tendo as três juízas responsáveis pelo julgamento rechaçaram a alegação apresentada de que tal relação teria sido consensual, deixando ainda de conferir valor a um dossiê por ele produzido sobre a reputação da vítima. Transitado em julgado o processo e condenado definitivamente naquele país, não sendo encontrado para o cumprimento da pena, foi expedida contra ele uma ordem de prisão, figurando o ex-jogador, hoje, na Lista Vermelha da Interpol. Se for encontrado fora do território nacional poderá ser preso e conduzido à Itália, para fins de execução da pena. O que interessa ao presente estudo, assim, é analisar a repercussão jurídica do caso no Brasil, segundo a lei penal brasileira, e o Tratado de Extradição Brasil-Itália. Uma vez procedido esse enquadramento jurídico, se fará um experimento hipotético com a aplicação da teoria dos jogos, considerando as escolhas oferecidas aos principais atores do processo.

## O ENQUADRAMENTO JURÍDICO DO CASO

Pelo que se conhece do caso, o fato pode ser tipificado pela lei penal brasileira, como um crime de estupro contra vulnerável, previsto no art. 217-A, que combinado com seu art. 226, I, tem-se como resultado uma pena mínima de 10 anos. Tendo Robinho retornado ao território nacional e aqui permanecendo, há que se invocar na esfera processual, o concurso das regras brasileiras em razão do princípio da extraterritorialidade.

O Código penal brasileiro, como se sabe, adotou como princípio para a aplicação da lei penal o da territorialidade, mas estabeleceu em seu art. 7º algumas situações em que, excepcionalmente, deva ser aplicada a lei brasileira, mesmo tendo sido o crime praticado no estrangeiro, como: a entrada do agente em território nacional; ser o fato punível também no país em que for praticado; estar incluído no rol dos crimes que se autoriza a extradição; não ter o agente sido absolvido ou perdoado no estrangeiro. Esse é o princípio da personalidade ativa segundo Jesus (2020), que reflete o interesse do Brasil em punir o nacional que delinquiu no estrangeiro segundo suas leis, vedando a extradição, (Lei n. 13.455, de 24-5-2017, art. 82, I; CF, art. 5º, LI).

No caso de Robinho a questão levantada após a negação de sua extradição pelo Brasil, decorre dos requerimentos realizados pelo governo italiano perante o Superior Tribunal de Justiça, é a de se saber se ao invés de processá-lo segundo a lei brasileira, não se poderia executar desde logo a sentença penal italiana em território nacional, aproveitando-se do regime jurídico trazido pela nova lei de imigração, a de nº 13.445 de 2017. Evitar-se-ia, com isso, um novo processo, custoso, em todos os seus aspectos, principalmente para a vítima.

# A EXECUÇÃO DA SENTENÇA PENAL CONDENATÓRIA ITALIANA NO BRASIL

## A) APLICAÇÃO DA NOVA LEI DE IMIGRAÇÃO DE 2017

A transferência de execução da pena imposta no estrangeiro, foi disciplinada pela nova lei de imigração, em seu art. 100, o qual, todavia, passou a ser objeto de contundentes críticas, exatamente no tocante a essa possibilidade, gerando verdadeira insegurança quanto à possibilidade da providência executória. Dispõe o artigo o seguinte:

*Art. 100. Nas hipóteses em que couber solicitação de extradição executória, a autoridade competente poderá solicitar ou autorizar a transferência de execução da pena, desde que observado o princípio do non bis in idem.*

*Parágrafo único. Sem prejuízo do disposto no Decreto-Lei nº 2.848, de 7 de dezembro de 1940 (Código Penal) , a transferência de execução da pena será possível quando preenchidos os seguintes requisitos:*

*I - o condenado em território estrangeiro for nacional ou tiver residência habitual ou vínculo pessoal no Brasil;*

A polêmica instaurada é justamente quanto à antinomia existente entre o caput do artigo e seu inciso I. É dizer: ao se estabelecer a condição de somente na hipótese em que se autoriza a extradição executória, a transferência de execução da pena possa ser viabilizada, e sendo vedada, expressamente pelo art. 5º, LI da CF, essa condição em relação à extradição de nacionais, como se conceber que um dos requisitos para a concessão da transferência de execução, seja exatamente o fato do condenado no estrangeiro ser nacional?

Sem pretender fazer nenhum estudo exaustivo sobre a interpretação do dispositivo, porque isso demandaria o tempo e o espaço que este artigo não dispõe, parece evidente no caso a presença de uma insuperável antinomia entre o caput e o inciso I do dispositivo. Uma vez estabelecido por ele a condição de que somente se aplica a transferência de execução de pena quando a extradição for permitida, regra essa que exclui os nacionais, não se pode aceitar, sem se incorrer em inconsistência, que o mesmo dispositivo estabeleça como requisito para tal, o fato de alguém ser nacional.

A conclusão de que existe uma contradição desse dispositivo, pode ser obtida pelos princípios da coerência e da integridade, de que fala Dworkin (2014). Tais princípios estão incorporados no direito positivo brasileiro pelo art. 926 do Código de Processo Civil, devendo serem tomados como critério de uniformização da jurisprudência, imposto a todos os tribunais. É difícil dizer que o artigo preze pela coerência, na medida em que, se aplicada a premissa do caput, exclui-se a possibilidade da aplicação do requisito do inciso I. E mais ainda difícil concluir que tal norma possa respeitar o princípio da integridade, quando contemplada com outras normas consectárias da proibição constitucional da extradição de nacionais, inclusive, à própria lei de imigração de que ela faz parte, que em seu art. 82 dispõe que "não se concederá a extradição quando o indivíduo cuja extradição é solicitada ao Brasil for brasileiro nato".

O melhor tratamento a ser dado à matéria, portanto, é o de reconhecer que o requisito do inciso I do art. 100 (na parte em que se refere ao agente ser nacional), simplesmente não deve ser aplicado, abandonando-se, com isso, a ideia de transferência da execução da pena no caso.

## B) APLICAÇÃO DO TRATADO DE EXTRADIÇÃO BRASIL-ITÁLIA

O que resta, então, para a solução do conflito é a própria norma internacional consagrada no \ Artigo VI do Tratado de Extradição entre Brasil e Itália, celebrado em 17 de outubro de 1989, e aprovado pelo Decreto Legislativo nº 78 de 20 de novembro de 1992, o qual dispõe em seu artigo VI, sobre a Recusa Facultativa da Extradição:

*Artigo VI*

*Quando a pessoa selecionada, no momento do recebimento do pedido, for nacional do Estado requerido este não será obrigado a entregá-la. Neste caso, não sendo concedida a extradição, a parte requerida, a pedido da parte requerente, submeterá o caso às autoridades competentes para eventual instauração de processo penal. Para tal finalidade a parte requerente deverá fornecer os elementos úteis. A parte*

*requerida comunicará sem demora o andamento dado à*
*causa e, posteriormente, a decisão final.*

A aplicação desse Tratado de Extradição representa, antes de tudo, uma homenagem à dimensão política do problema. É aqui que coalescem a vontade dos dois Estados, tanto política quanto juridicamente, no plano internacional. Observe-se que o dispositivo acima é expresso ao considerar como motivo justificável para a recusa facultativa da extradição, o fato de a pessoa selecionada for nacional do Estado requerido. Tal recusa é chamada de facultativa porque é dado ao Estado requerido o direito de decidir se entrega ou não o nacional. No caso do Brasil, como se viu, é constitucionalmente vedada essa possibilidade. No caso da italiano, só se estivesse expressamente prevista em convenções internacionais, o não é o caso, conforme o art. 26 de sua Constituição: "L'estradizione del cittadino può essere consentita soltanto ove sia espressamente prevista dalle convenzioni internazionali. Non può in alcun caso essere ammessa per reati politici".

Uma vez fornecido pela parte requerente todos os elementos úteis sobre o caso, conforme determina o próprio Tratado, o Órgão Ministerial, a seu juízo, decidirá se requisita o Inquérito Policial, ou, em havendo indícios suficientes da autoria e prova da materialidade do crime, propõe desde logo a competente denúncia perante uma das Varas da Justiça Federal. No caso de Robinho, esses elementos úteis de informação constituem-se no próprio processo criminal julgado pela Justiça italiana, cujas provas poderão servir de embasamento para eventual peça vestibular criminal.

# A APLICAÇÃO DA TEORIA DOS JOGOS AO CASO

A partir dessas considerações, e assumindo que o desdobramento do caso importa, necessariamente, em sua análise, por parte do Estado brasileiro, sobre a possibilidade de eventual instauração do processo-crime, conforme as regras de seu direito penal, passa-se a realização de um experimento hipotético, de acordo com os postulados da Teoria dos Jogos, com o fim de identificar o comportamento mais racional a ser esperado de cada ator, no estreito espaço discricionário concedido pela natureza das normas penais que informam a matéria.

# IDENTIFICAÇÃO DOS ELEMENTOS DO JOGO

## OS PARTICIPANTES DO JOGO

É fato que no estágio atual em que se encontra o caso, com a ordem de prisão expedida contra o ex-jogador e sua permanência em território nacional, considerando-se, ainda, a solução jurídica defendida neste artigo, que aponta para a análise do caso na perspectiva da instauração de um processo-crime no Brasil, o conjunto de ações mais significativas a serem praticadas a partir disso se concentrará entre dois atores: o Ministério Público Federal, órgão competente para a propositura de eventual ação penal, e o próprio Robinho, o condenado na Itália e presuntivo réu no Brasil. O tipo de "jogo" a ser travado no caso é o sequencial. A dinâmica dos acontecimentos indica que cada participante terá plena ciência da decisão tomada pelo outro, e orientará sua escolha segundo esse conhecimento.

## A UTILIDADE EM DISPUTA

A determinação da utilidade em disputa, exige uma reflexão mais aprofundada sobre o papel desempenhado por cada participante na sua respectiva área de atuação, podendo-se daí, extrair as preferências resultantes. Começando por Robinho, um ex-jogador de futebol de nível internacional, detentor de vários títulos, não é difícil se concluir que ele irá sempre agir em nome da imagem que construiu ao longo de toda sua carreira. Maesse (2022), tratando do poder imaginário de figuras artísticas, diz que "Actors never exist only for themselves. Rather, they always speak and act in the name of a certain image (the image of the mother and father in family discourse".

Assim, é de se reconhecer que o processo italiano e a condenação criminal a si impostos, tem-lhe, não apenas restringido a liberdade de ir e vir, como prejudicado de forma significativa sua imagem no mundo esportivo, e por consequência, solapado a influência dela resultante. Esse poder de influência estava associado a boas práticas que passavam a determinar a preferência do público e consequentemente a celebração de contratos comerciais. Desde sua condenação, no entanto, não se vê de sua parte qualquer entrevista ou declaração pública, apenas notas divulgadas por seus advogados. Notícias jornalísticas dão conta de seu completo recolhimento domiciliar. Um processo no Brasil pelos mesmos fatos, contribuirá, sem dúvida, para agravar a situação de desgaste que o quadro revela.

Do lado do MPF, é evidente que não se pode abstrair de sua atuação nesse caso, as consequências duradouras que produzirão suas escolhas, diante da repercussão internacional do processo, em razão de um Tratado Internacional, em que é prevista a necessidade da análise e tratamento de um crime praticado e definitivamente julgado pela Justiça de um outro Estado. Aqui, concorre um outro tipo de influência a ser atribuída ao órgão ministerial: a performativa.

Trata-se, segundo Maesse (2022), do poder que o discurso próprio da atividade desse órgão de Estado, hábil a produzir categorias sedimentadas a si imanentes, visando uma futura ação social reproduzida nos níveis imaginários e simbólicos. A solução a ser dada ao caso repercutirá para esses outros níveis de forma positiva ou negativa, influindo na imagem do Brasil no mesmo cenário internacional. Como visto acima, a negação de um pedido de extradição não significa uma "não extradição". Ela terá consequências e desdobramentos que o experimento tentará revelar.

Os tipos de influência (performativa, imaginária e simbólica), por seu turno, em relação a cada participante, diferem entre si, quanto à espécie, mas não quanto à natureza, o que, teoricamente, podem ser tratadas num único jogo, por meio de uma unidade identificada como influência. Ela pode ser medida por meio, de estágios, servindo para definir a intensidade de influência obtida em cada uma das respectivas ações dos participantes. Na Tabela 2, abaixo, são definidos 5 estágios de influência com os respectivos pesos de mensuração de sua intensidade.

Tabela 2

| Estágios de Infuência | Pesos de Influência |
|---|---|
| Absoluta Influência | +10 |
| Relativa Influência | +5 |
| Influência Nula | 0 |
| Relativa Desinfluência | -5 |
| Absoluta Desinfluência | -10 |

Os intervalos entre esses estágios, permite que se faça uma modulação da intensidade do respectivo poder de influência, conforme cada ação, classificando-a de aumentada ou diminuída. Compete agora definir o que representa socialmente cada estágio desses. No nível de absoluta desinfluência (-10) a reprovação é considerada total, do ponto de vista social, significando que a atitude da pessoa em questão é tomada de forma categórica como um mau exemplo na esfera em que atua. No estágio de relativa desinfluência (-5), o comportamento passa a estar sujeito a críticas não necessariamente de reprovação total, mas ainda recorrentes; No estágio (0) de influência nula, o comportamento é tratado por uma completa indiferença do meio social; O estágio (+5) reflete uma fraca influência, com pouca repercussão do meio, pelo fato do comportamento não corresponder totalmente às expectativas sociais; e (+10) refere-se a uma forte influência, ao ponto de servir de inspiração e padrão para outras condutas sociais.

## ALTERNATIVAS RACIONAIS

Duas alternativas de ação são apresentadas para cada participante. Em relação ao MPF, poderá ele requerer o arquivamento do caso, ou decidir pelo oferecimento da denúncia. Do lado de Robinho, as escolhas que dependem unicamente de sua vontade são a de ficar no Brasil e submeter-se à Justiça brasileira, para eventual processo-crime, ou ir para a Itália e ficar à disposição daquela Justiça para a execução da pena a si imposta.

A dinâmica do jogo e seus resultados racionais

O jogo tem como pano de fundo a condenação definitiva de Robinho na Itália. Ele se perfaz dentro das várias combinações das escolhas conferidas aos respectivos jogadores, conforme a Tabela 3, abaixo.

Tabela 3

| | | ROBINHO | |
|---|---|---|---|
| | | Ficar no Brasil | Ir para a Itália |
| MPF | Arquivar o caso | +1 <br> +2 | 0 <br> +2 |
| | Denunciar | +3 <br> +9 | +2 <br> +7 |

Caso permaneça no Brasil, Robinho deverá aguardar a manifestação do MPF sobre o processo. Este poderá requerer o arquivamento do inquérito ou das peças de informação, ou optar por denunciá-lo perante a Justiça Federal. Se arquivar o caso, essa decisão poderá ser encarada como não correspondente às expectativas sociais, dentro e fora do Brasil, sendo considerada uma demonstração de fraca influência performativa, expressa pelo índice (+2).

Em relação a Robinho, é de se ver que antes do jogo ele já se encontrava numa situação de influência nula (0), diante da própria repercussão do caso, fazendo-o isolar-se da vida social. O arquivamento do inquérito acabará representando, nesse contexto, algum ganho de influência, mas nada significante ao ponto de representar uma mudança positiva de estágio, fazendo-o sair de uma influência nula (0), para uma influência relativa diminuída (+1). Nessa hipótese, a ida para Itália, seria entendida senão como uma tentativa de afirmação de sua "inocência", perante aquela Justiça, o que não modificaria em nada sua situação anterior (0). Isto, também, não diminuiria a pressão sobre o MPF, quanto à perda de influência para (+2).

O oferecimento da denúncia, por sua vez, representará, para ambas as partes, uma situação totalmente diversa. Em relação ao MPF, essa opção, baseada nas provas de autoria e materialidade do crime, será tomada como uma avaliação discursiva correta, conferindo-lhe um nível forte de influência (+9), tanto no plano interno como no externo. Robinho, com esse movimento do parquet, passará automaticamente para uma zona de desinfluência (-3), tendo que suportar a partir daí, críticas recorrentes sobre sua conduta, num verdadeiro julgamento social antecipado, que se processará em todas as mídias do país.

A opção apresentada a ele, nesse caso, é algo que vai de encontro a todo o seu comportamento nesse processo: sua volta à Itália para o cumprimento da pena. Isto faria com que o processo no Brasil fosse, de plano, arquivado, evitando-lhe a zona de desinfluência a que sua permanência no Brasil significaria. O fato também poderia ser encarado como uma demonstração concreta do ex-jogador, de querer resolver sua situação, não apenas no Brasil, mas sobretudo na Itália, onde fora condenado, atitude essa, louvável do ponto de vista social. Isto seria capaz, ainda, de restaurar-lhe, um outro tipo de influência por ele há muito perdida, a simbólica, cujo poder, segundo Maesse (2022), decorre da habilidade do discurso de atribuir respeito e prestígio ao seu detentor, fato que o transportaria do estágio de influência nula para o de relativa influência diminuída (+2).

Da parte do MPF essa opção fará com que sua influência, embora diminuída pelo arquivamento dos autos, continue alta, passando de (+9) para (+7). A estratégia dominante de equilíbrio localiza-se exatamente nesse ponto, ou seja, na conjugação das duas escolhas que, dentre todas as apresentadas, se mostram as mais vantajosas para ambas as partes.

# CONCLUSÕES

Os resultados mais significativos deste trabalho, talvez tenham a ver com o caráter não intuitivo das conclusões a que chega, daí o estranhamento natural que são capazes de causar. Mas é para isso, afinal, que servem as teorias. A racionalidade que elas propugnam, seja do tipo instrumental ou finalístico, sempre tem o poder de surpreender, porque parece estar acima das contingências que costumam embotar o entendimento sobre as coisas e de como elas funcionam ou deveriam funcionar.

Por outro lado, deve-se reconhecer que a vida consciente não pode ignorar a existência dessas ferramentas que, para o bem ou para o mal, são sempre determinantes na forma de se agir ou pensar. Compete a todos, pô-las à prova e abandoná-las se não se mostrarem consistentes. Keynes (2017) mesmo dizia que "as ideias dos filósofos e economistas políticos, quer eles estejam certos ou errados, são mais poderosas do que geralmente se pensa; e os homens práticos que se acreditam livres de qualquer influência intelectual, costumam ser escravos de algum economista morto".

As teorias realista, racionalista e revolucionista, por outro lado, têm servido para definir políticas de Estados no plano internacional, bem como entender como se processam as disputas entre eles quando está em jogo o interesse individual daqueles que visam proteger. A teoria dos jogos, da qual se lançou mão para identificar a melhor resposta a ser dada a uma sentença penal condenatória, emitida no estrangeiro contra o nacional de outro Estado, cuja execução invoca tanto um tratado internacional celebrados entre eles, como as normas internas de um deles, dá a dimensão do quanto nessa esfera, política e direito andam juntos, mas dependentes de uma racionalidade que os faz conviver.

O poder de influência, tomado como uma utilidade a ser perseguida no experimento teórico, demonstra o quanto a racionalidade nele contida é apta a informar decisões tanto em nível individual, como institucional. No caso de Robinho, a importância dessa influência está, de certa forma, obscurecida pela exigência, no curto prazo, de uma privação momentânea de sua liberdade individual para sua obtenção. Mas no longo prazo o preço a pagar pode se mostrar muito mais útil do que a ideia de uma vida permanentemente às sombras.

As normas de Direito Penal Internacional, assim, não importam a complexidade ou instabilidade do cenário que as desafia, terão sua eficácia sempre dependente da racionalidade, seja ela instrumental ou baseada em princípios, que dá forma às ações de indivíduos e governos. Dela, não há como se escapar, porque é patrimônio inalienável da única comunidade talhada para resistir com inteligência a todas as vicissitudes: a dos humanos.

# REFERÊNCIAS BIBLIOGRÁFICAS

CONSTITUZIONE Della Repubblica Italiana. E-book.

CRYER, Robert, & ROBINSON, Derryl, & VASILIEV, Sergey. An Introduction to International Criminal Law and Procedure. Cambridge University Press, 2019. Ebook.

DOUGHERTY, James E. & PFALTZGRAFF, Robert L. Jr. Relações Internacionais. As Teorias em Confronto. Lisboa: Gradiva, 2003.

DWORKIN, Ronald. O Império do Direito. São Paulo: Martins Fontes, 2014.

JACKSON, Robert & SØRENSEN, Georg. Introduction to International Relations: Theories and approaches. New York: Oxford University Press, 2003.

JAPIASSÚ, Carlos Eduardo Adriano. Direito Penal Internacional. São Paulo: Tirant lo blanch, 2020.

HABERMAS, Jürgen. Between Facts and Norms: Contributions to a Discourse Theory of Law and Democracy. Cambridge/Massachusetts: MIT Press, 1996.

HABERMAS, Jürgen. The Theory of Communicative Action. Reason and the Rationalization of Society. Cambridge/UK: Polity Press, 2004.

HABERMAS, Jürgen. A Inclusão do Outro. Estudos de Teoria Política. São Paulo: Unesp, 2011.

HEAP, Shaun P. Hargreaves & VAROUFAKIS, Yanis. Game Theory. New York: Routledge, 2004.

JESUS, Damásio de. Direito Penal 1. São Paulo: Saraiva Jur, 2020.

KEYNES, John Maynard. Teoria Geral do Emprego, do Juro e da Moeda. São Paulo: Saraiva Uni. 2017. E-book.

KYDD, Andrew H. International Relations Theory: The Game Theoretic Approach (p. 12). Cambridge: Cambridge University Press,.

LIMA, Paulo. Caso Robinho: Confira o julgamento que condenou o atleta a 9 anos de prisão. www.notícias.cers.com.br. 2022.

MAESSE, Jens. Power and Influence of Economists (Routledge Frontiers of Political Economy) Taylor and Francis, 2022. E-book.

MELL, Andrew & WALKER, Oliver. Economics: From first principles to the Financial Crisis. Rough Guides Ltda, 2014.

MELLO, Celso D. de Albuquerque. Curso de Direito Internacional Público, V. I. Rio de Janeiro: Renovar, 2004.

MILL, John Stuart. Utilitarismo. Cidade do Porto/Portugal: Porto Ed. Lda, 2005.

NEUMANN, John von, & MORGESTERN, Oskar. Theory of Games and Economic Behavior. Princeton: Princeton University Press, 2004.

WALTZ, Kenneth N. Teoria das Relações Internacionais. Lisboa: Gradiva, 2002.

# JULGAMENTO DE BRASILEIRO NATO PERANTE O TRIBUNAL PENAL INTERNACIONAL

Autor

Ricardo Marinello de Oliveira

## RESUMO

O presente trabalho objetiva apresentar análise da entrega de brasileiro nato ou naturalizado perante o Tribunal Penal Internacional – TPI. Será apresentado a origem do Tribunal Penal Internacional, sua recepção no ordenamento jurídico, bem como os crimes de sua competência e sua composição. Foi abordado os princípios da legalidade e anterioridade no TPI, em conformidade com os dispositivos legais do Estatuto de Roma. Após, foi exposta diferenciação entre extradição e entrega. Para se chegar à conclusão acerca da possibilidade da entrega de brasileiro nato ou naturalizado no Tribunal Penal Internacional, foram analisados vários doutrinadores e legislação. Por fim, foi realizado estudo acerca dos direitos humanos junto à norma internacional, em especial o cenário brasileiro que aderiu ao Estatuto de Roma e a entrega dos nacionais ao Tribunal Penal Internacional.

# INTRODUÇÃO

Várias foram as atrocidades cometidas ao longo da história, em especial as duas grandes Guerras Mundiais, ensejando movimento internacional para criação de um Tribunal para processar e julgar os crimes contra a humanidade.

Antes da criação do Tribunal Penal Internacional foram criados tribunais ad hoc, isso é, tribunais de exceção, em especial o Tribunal de Nuremberg e Tóquio. Os referidos tribunais deixaram um grande legado referente a conceitos para legislação penal internacional, todavia, foram alvos de inúmeras críticas por não respeitar os princípios fundamentais do direito penal.

Após o Tribunal Penal Internacional para a ex-Iugoslávia e o Tribunal Penal Internacional para Ruanda, foi criado o Tribunal Penal Internacional, recepcionado pelo Decreto n.º 4.388 de 2002, posteriormente acrescentado na Constituição Federal no artigo 5º, §4º pela Emenda Constitucional 45.

Em conformidade com o Estatuto de Roma, o Tribunal Penal Internacional tem competência para processar e julgar os crimes de genocídio; crimes contra a humanidade; crimes de guerra e o crime de agressão.

A Constituição Federal é a lei superior, e a partir dela todas as leis são submissas. A ratificação do Estatuto de Roma pela Carta Magna fez surgir a indagação acerca se é permitido a entrega de brasileiro nato ou naturalizado para o Tribunal Penal Internacional.

O presente trabalho tem como objetivo apresentar as principais características do Tribunal Penal Internacional, análise dos princípios da legalidade e anterioridade, distinção entre extradição e entrega, e possibilidade da entrega de nacional nato ou naturalizado ao TPI.

Para atingir o propósito, está dividido em duas partes. Na primeira parte serão abordados o Tribunal Penal Internacional e os princípios da legalidade e da anterioridade. Por fim, a segunda parte irá abordar a diferenciação entre extradição e entrega perante o TPI, com análise da legislação aplicável e posteriormente entrega de brasileiro nato e naturalizado através do Estatuto de

Roma, a proteção dos direitos humanos e a não isenção de pena para aqueles que cometeram os delitos descrito no referido Estatuto.

# TRIBUNAL PENAL INTERNACIONAL:

A criação do Tribunal Penal Internacional-TPI é oriunda de dois tribunais ad hoc (Tribunal Penal Internacional para a ex- Iugoslávia – TPI-ex-I e o Tribunal Penal Internacional para Ruanda – TPIR) através do Conselho de Segurança da ONU, em que a Assembléia de Estados-Partes é órgão soberano, bem como o fim da Guerra Fria, na qual aceleraram o surgimento de Tribunal Internacional Penal com caráter permanente.

Antes dos surgimentos dos tribunais ad hoc, as consequências da Segunda Guerra Mundial obrigaram a criação de organismo internacional para proteger os direitos humanos, sendo o Tribunal de Nuremberg de suma importância para o movimento conhecido como internalizações dos direitos humanos.

O Tribunal Militar Internacional Nuremberg é oriundo do Acordo de Londres datado de 08 de agosto de 1945, celebrado entre Estados Unidos, França, Reunido Unido e União Soviética.

Importante destacar que o TPI-ex-I e o TPIR foram criados tendo caráter não permanente. O TPI-ex-I tinha como objetivo a responsabilização criminal de indivíduos que cometeram crimes contra a humanidade no território na antiga Iugoslávia. Enquanto o TPIR foi criado para processar e julgar indivíduos responsáveis por graves violações ao Direito Internacional Humanitário nos conflitos de Ruanda.

Quando do surgimento do TPI-ex-I, através da Resolução n.º 827 de 25 de maio de 1993 do Conselho de Segurança da ONU, ficou estabelecido que o encerramento de suas atividades seria quando não houvesse mais casos para julgar. Na data de 31 de dezembro de 2017 foi declarado extinto o respectivo Tribunal, pois todos os acusados ou foram julgados, morreram antes do início ou encerramento dos processos, fugiram e jamais foram capturados.

Enquanto o TPIR, criado pelo Conselho de Segurança da ONU na Resolução n.º 955 de dezembro de 1994, teve seu mandato encerrado em 30 de junho de 2012.

Nota-se, os tribunais ad hoc da ex-Iugoslávia e Ruanda não são tratados internacionais, sendo criados por Resoluções do Conselho de Segurança das Nações Unidas.

Os poucos casos remanescentes do Tribunal Penal Internacional para a ex- Iugoslávia e do Tribunal Penal Internacional para Ruanda, em que ficou pendente de julgamento ou análise de recurso, devem ser decididos pelo Mecanismo para os Tribunais Penais Internacionais (Mechanism for International Criminal Tribunals – MICT), criado pela ONU no ano de 2010.

Os ensinamentos supramencionados são necessários, uma vez que a criação do Tribunal Penal Internacional para a ex- Iugoslávia e o Tribunal Penal Internacional para Ruanda são considerados marcos fundamentais para a criação do Tribunal Penal Internacional de caráter permanente.

Em 17 de julho de 1998, após inúmeros debates, com reuniões de comitês preparatórios, inclusive havendo negociações com participação de aproximadamente 500 ONGs, foi aprovado o Estatuto de Roma do Tribunal Penal Internacional, que possui caráter complementar de jurisdição em relação a jurisdição estatal. É de responsabilidade do Estado agir e punir, havendo intervenção do TPI quando houver omissão.

O princípio da complementariedade rege a relação do Tribunal Penal Internacional e os Estados-Partes, limitando o pode de atuação do TPI, isto é, cabe aos Estados realizar a investigação e à persecução penal dos crimes descritos no Estatuto de Roma, havendo atuação do TPI quando da inércia do Estado.

Suas atividades iniciaram em 2003 em Haia/Holanda, possuindo personalidade jurídica de Direito Internacional Público, sendo de sua competência julgamento para apurar a responsabilidade criminal individual de pessoas maiores de 18 anos de idade, isto é, não realiza julgamento dos Estados.

Por ser um tribunal de caráter permanente, os funcionários da Corte devem prestar seus serviços na sede em Haia, de forma exclusiva e contínua.

José Cretella Neto[1] afirma que o TPI é uma instituição independente, mas não é parte da ONU, mas que, com essa organização, mantém relação de estreita cooperação. Tem personalidade jurídica internacional e a capacidade jurídica necessária ao desempenho de suas funções e à realização de seus propósitos (Artigo 4.1 do Estatuto). Sediado em Haia, pode, no entanto, exercer suas funções e prerrogativas em conformidade com o disposto no Estatuto e, mediante acordo especial, no território de qualquer outro Estado (Artigo 4.2).

O Estatuto de Roma foi ratificado no Brasil através do Decreto n.º 4.388/2002, sendo inserido na Constituição Federal no §4º, artigo 5º com a Emenda Constitucional 45/2004[2].

Os crimes de competência do Tribunal Penal Internacional estão definidos no artigo 5º do Estatuto de Roma, sendo eles: genocídio; crimes contra a humanidade; crimes de guerra e o crime de agressão.

De acordo com o artigo 5º do Estatuto de Roma, o TPI poderá exercer sua competência no crime de agressão, em conformidade com os artigos 121 e 123, após aprovação de disposição que defina o crime e estabeleça as condições relativas à competência do Tribunal para o julgamento do delito.

No ano de 2010, na cidade de Kampala, Uganda, foi realizada Conferência de Revisão do Estatuto de Roma, em que foi definido o conceito de agressão e atualizado o regulamento, estabelecendo regras para o TPI quando for instado a processar e julgar o crime de agressão.

Sobre o crime de agressão podemos definir:

---

1      Cretella Neto, 2019.p. 1079.

2      Artigo 5º, §4º da Constituição Federal: O Brasil se submete à jurisdição de Tribunal Penal Internacional a cuja criação tenha manifestado adesão. (Incluído pela Emenda Constitucional nº 45, de 2004)

> *Em síntese, agressão consiste no uso de força armada por um Estado contra outro sem a justificativa da legítima defesa ou a autorização do Conselho de Segurança. (Neto, 2019, p. 1110)*

O TPI é composto de uma estrutura administrativa (secretaria e unidade de atenção às vítimas) e a estrutura judicial. Esta é composta de presidência da corte e as câmaras de julgamentos preliminares, de primeira instância e de apelações. As divisões judiciais são compostas por 18 juízes, com mandatos de 9 anos, eleitos pelos Estados-Partes, sendo vedada a presença de dois juízes de mesma nacionalidade.

Além de processar e julgar os crimes estipulados no art. 5º do Estatuto de Roma, em Assembleia de Estados-Partes foi instituído o Fundo de Compensações para as Vítimas, na qual os recursos devem ser utilizados para indenizar vítimas e famílias dos crimes de competência do Tribunal Penal Internacional.

Todavia, importante informar que China, Estados Unidos, Índia e Rússia não compõem os Estados-Partes do TPI e por serem países de grande relevância internacional a importância do Tribunal Penal Internacional perde um pouco de sua relevância.

## PRINCÍPIOS DA LEGALIDADE E DA ANTERIORIDADE NO TRIBUNAL PENAL INTERNACIONAL:

Com o objetivo de evitar críticas que em datas pretéritas foram dirigidas aos tribunais de exceção, em especial o Tribunal de Nuremberg e Tóquio, o Estatuto de Roma contemplou vários princípios, na qual destacamos o princípio da legalidade e da anterioridade.

O princípio da legalidade, adotado pela Constituição Federal de 1988 no XXXIX, artigo 5º, tem como objetivo dar maior garantia aos julgamentos realizados pelo TPI. Os tipos penais descritos nos artigos 6º, 7º e 8º do Estatuto de Roma e os crimes de obstrução da justiça estabelecem a competência do Tribunal Penal Internacional, com isso mantem-se a segurança jurídica.

Nos dizeres de Estevam:

> *...o princípio da legalidade tem importância ímpar em matéria de segurança jurídica, pois salvaguarda os cidadãos contra punições criminais sem base em lei escrita, de conteúdo determinado e anterior à conduta. Exige, ademais disso, que exista uma perfeita e total correspondência entre o ato do agente e a lei penal para fins de caracterização da infração e imposição da sanção respectiva. (Estevam, 2021, p. 145)*

De acordo com a legalidade, somente a lei fixa as limitações que destacam a atividade criminosa da atividade legítima. O princípio é uma garantia constitucional dos direitos do homem, possuindo significado político.

A lógica do Tribunal Penal Internacional é ser garantista, com isso o princípio da legalidade é indispensável para regular funcionamento e segurança jurídica, prevenindo danos irreversíveis.

Outrossim, o princípio da anterioridade estabelece que não há crime sem lei anterior que o defina – nullum crimen nulla poena sine lege – tendo sua origem no Código Penal de Baviera de 1813. Para que seja considerado crime e imposta a devida sanção, necessário que o fato tenha sido praticado depois a lei entrar em vigor.

No ordenamento jurídico pátrio a anterioridade está prevista no att. 5º, XXXIX da Constituição Federal e no art. 1º do Código Penal. No Estatuto de Roma, o princípio está elencado no artigo 22[3].

---

3      Artigo 22

Nullum crimen sine leqe

Os crimes de competência do Tribunal Penal Internacional só serão jugados se praticados após a entrada em vigor do Estatuto de Roma. Os delitos julgados pelo TPI são imprescritíveis; não tem competência para julgar menores de 18 anos de idade; são isentos de pena quem comprovar insanidade mental ou praticou o crime sob coação quando se defendia; e não isenta de responsabilidade a pessoa que praticou obedecendo ordem hierárquica, todavia, se ficar comprovado que foi obrigado de cometer o crime ou não tinha conhecimento que a ordem era ilegal, não será responsabilizado pela prática delituosa.

# ENTREGA DE BRASILEIRO NATO OU NATURALIZADO AO TPI:

## DIFERENÇA DE EXTRADIÇÃO E ENTREGA AO TRIBUNAL PENAL INTERNACIONAL:

A extradição é classificada como instrumento clássico de cooperação jurídica internacional em matéria penal, na qual dois Estados atuam em interesse mútuo com a finalidade de repressão dos delitos, tendo como requisito fundamental para a cooperação ser considerado crime nos dois Estados.

---

1. Nenhuma pessoa será considerada criminalmente responsável, nos termos do presente Estatuto, a menos que a sua conduta constitua, no momento em que tiver lugar, um crime da competência do Tribunal.

2. A previsão de um crime será estabelecida de forma precisa e não será permitido o recurso à analogia. Em caso de ambiguidade, será interpretada a favor da pessoa objeto de inquérito, acusada ou condenada.

3. O disposto no presente artigo em nada afetará a tipificação de uma conduta como crime nos termos do direito internacional, independentemente do presente Estatuto.

É estabelecida através de acordo celebrado entre os Estados envolvidos, respeitando os requisitos do texto ratificado, ou também através de promessa de reciprocidade de tratamento. Isto é, não exigência para que a extradição seja prevista em tratado. A promessa de reciprocidade de tratamento, no ordenamento jurídico pátrio, encontra guarida na Lei n.º 13.445/2017 (Lei de Migração), na qual revogou o Estatuto do Estrangeiro.

Pode ser requerida para fins de instrução de processo penal (instrutória) ou para cumprimento de penal previamente imposta (executória), em que o estrangeiro é submetido à aplicação da lei penal do país de origem.

A atual jurisprudência do Egrégio Supremo Tribunal Federal é no sentido de ser deferida a extradição se houver o comprometimento do país requerente em converter a pena de morte ou prisão perpétua em penas privativas de liberdade com duração máxima prevista na legislação brasileira.

O brasileiro nato não pode ser extraditado, sem qualquer exceção (art. 5º, LI da Constituição Federal), todavia, o STF[4] firmou entendimento que pode ser concedida a extradição quando renunciou à nacionalidade brasileira, adquirindo outra; enquanto o brasileiro naturalizado a regra é não deferir o pedido de extradição, mas a exceção é quando tenha cometido crime antes de naturalizado ou esteja envolvido em tráfico de drogas, independente se o crime foi cometido antes ou depois da naturalização; para estrangeiro a regra aplicável é o deferimento da extradição, desde que não seja crime político ou de opinião (art. 5º, LII da Constituição Federal).

A competência para deferir o pedido de extradição é do Presidente da República (artigo 84, VII da Constituição Federal), mas desde que autorizada pelo Supremo Tribunal Federal (artigo 102, g da Constituição Federal).

---

4        Extradição n.º 1.462, 1ª Turma, relator Ministro Luís Roberto Barroso, julgado em 28/03/2017.

O ato de entrega ao Tribunal Penal Internacional está disposto no artigo 89 do Estatuto de Roma, em que o Estado atua com subordinação, devendo aplicar a sua legislação interna, sob pena de o agente ser submetido ao TPI.

A entrega é um instituto jurídico criado para não entraves quando da execução das decisões penais internacionais, totalmente diverso do instituto da extradição.

No caso do ato de entrega o TPI exerce papel subsidiário a legislação nacional, sendo de competência originária de processar e julgar o Estado, só havendo intervenção do Tribunal quando ficar configurada inércia ou incompetência do Estado.

O Estatuto de Roma, prevendo resistência por parte dos Estados-Partes para cooperação, definiu os termos de extradição e entrega no artigo 102[5].

O Egrégio Supremo Tribunal Federal, em pedido de cooperação internacional e auxílio judiciário requerido pelo Tribunal Penal Internacional (PETIÇÃO 4.625/SUD), a Ministra Rosa Weber, em sua decisão, aborda de forma sucinta e didática a diferenciação da extradição e entrega no Estatuto de Roma[6].

---

5    Artigo 102

Termos Usados

Para os fins do presente Estatuto:

a) Por "entrega", entende-se a entrega de uma pessoa por um Estado ao Tribunal nos termos do presente Estatuto.

b) Por "extradição", entende-se a entrega de uma pessoa por um Estado a outro Estado conforme previsto em um tratado, em uma convenção ou no direito interno.

6    No PET 4625(DJ de 24-06-2020, rel. Min. Rosa Weber) lê-se: "Apesar da diferenciação, a princípio, parecer somente semântica, o artigo conferiu tratamento jurídico consideravelmente diferente aos institutos. A jurisdição do TPI consiste na extensão da jurisdição dos Estados nacionais. Sua criação dependeu do aceite dos Estados Partes, os quais consentiram em colaborar para a efetivação de suas decisões.

Conforme já mencionado anteriormente, o TPI tem competência para processar e julgar os delitos previstos no respectivo Estatuto, contando nos seus quadros juízes de várias nacionalidades, propiciando imparcialidade nos seus julgamentos, não sendo injusta/ilícita a entrega do agente que cometeu os delitos previstos no Estatuto.

## POSSIBILIDADE DE ENTREGA DE NACIONAIS E NATURALIZADOS AO TRIBUNAL PENAL INTERNACIONAL:

De acordo com a diferenciação apresentada no tópico anterior, a extradição ocorre entre Estados mediante previsão em tratado ou promessa de reciprocidade de tratamento, havendo relação de forma paritária. Enquanto na entrega a relação é entre Estado-Parte com o Tribunal Penal Internacional, sendo uma forma autônoma de cooperação jurídica internacional.

Parte da doutrina nacional firma posicionamento no sentido de ser vedada a entrega de brasileiro nato ou naturalizado ao Tribunal Penal Internacional, fazendo analogia a vedação constitucional quanto a extradição.

Com a máxima vênia, após estudos acerca dos institutos da extradição e entrega, é perfeitamente possível o ato de entrega de cidadão nato ou naturalizado ao TPI, pois não há conflito entre a Constituição Federal e o Estatuto de Roma, em que o Brasil aderiu expressamente o Estatuto na sua Carta Magna, a entrega de cidadão além de ser plenamente possível ele é constitucional.

---

Esta situação difere totalmente das relações entre Estados, na qual vigora o princípio da igualdade entre as partes. O fato da entrega ter como destinatário um tribunal de jurisdição internacional, ao invés de um Estado, ou seja, uma jurisdição estrangeira, supera a necessidade de fortalecimento da soberania e, consequentemente, a vedação à extradição de nacional, consagrada na legislação de diversos países".

O ato de entrega prioriza o bem-estar da humanidade por estarmos diante de delitos graves, com grande relevância internacional, tais como: genocídio, crimes contra a humanidade, crimes de guerra e de agressão.

A aplicação do instituto de entrega ao TPI encontra corrente na doutrina por ser o Estatuto de Roma um tratado de direitos humanos. Nesse sentido:

> Muito se tem discutido sobre essas supostas limitações à aplicação do Estatuto de Roma. Em todos os casos a solução se apresenta no campo interpretativo, não sendo nenhum desses temas óbices intransponível. É até mesmo estranho falar-se em limitações em um tratado de direitos humanos frente ao nosso Direito. Ora, não se trata de um acordo tarifário ou de cambiais, mas de um tratado internacional que aumenta a inserção do nosso país na proteção dos direitos humanos, agenda hoje comum, até mesmo para as potências internacionais que notoriamente desrespeitam esses direitos. Pelo só fato de ser um tratado de direitos humanos já é compatível com os ideais da República Federativa do Brasil, que no artigo 1º, inciso III, diz que tem como fundamento a dignidade humana e no artigo 7º das disposições transitórias já predispõe o Brasil a aderir a um tribunal internacional de direitos humanos, que muitos dizem ser o Tribunal Penal Internacional. (Pereira, 2005, p. 225)

Não há qualquer proibição expressa na Constituição Federal do instituto de entrega de brasileiro nato ou naturalizado ao Tribunal Penal Internacional. Ainda mais que do art. 7º do ADCT contempla a colaboração do país para formação de um tribunal internacional dos direitos humanos.

Podemos afirmar que Brasil, prevendo no seu texto constitucional recepção do Estatuto de Roma – TPI, renuncia parcela da sua soberania, submetendo-se à autoridade e jurisdição do Tribunal Penal Internacional. Estamos diante de cláusula de supranacionalidade, em que há mitigação da soberania do Estado brasileiro.

Além dos mais, o autor do pedido de entrega é organismo internacional, com personalidade jurídica internacional, conforme artigo 4º do Estatuto de Roma, bem como respeita a soberania nacional e tem atuação complementar.

Estamos diante de cometimento de crime com relevância extraterritorial, em havendo omissão ou ineficácia do Poder Judiciário Nacional, deve haver intervenção do TPI com determinação de entrega por parte do Estado-Parte do seu cidadão. Ao recepcionar o Estatuto de Roma, é dever do Estado brasileiro cooperar e cumprir com as ordens emanadas pelo Tribunal Penal Internacional (Art. 89).

O crime internacional pode ser definido como:

> *a conduta, tipificada em convenção internacional em vigor, que, por provocar ofensa de tal ordem à consciência jurídica da Humanidade, passa a ser considerada ilícita pelo Direito Internacional. (Neto, 2019, p. 1110)*

A vedação para o ato de entregar brasileiro nato ou naturalizado fazendo analogia a extradição é errônea, haja vista que a entrega é um instituto sui generis nas relações internacionais, enquanto a extradição é realizada entre dois Estados.

O próprio Estatuto de Roma fez distinção entre extradição e ato de entrega, sendo institutos com características distintas.

> *Portanto, não se trata de entregar alguém para outro sujeito de Direito Internacional Público, de categoria igual a do Estado-parte, também dotado de soberania na ordem*

*internacional, mas sim a um organismo internacional de que fazem parte vários Estados. Daí entendermos que o ato de entrega é feito pelo Estado a um tribunal internacional de jurisdição permanente, diferentemente da extradição, que é feita por um Estado a outro, a pedido deste, em plano de absoluta igualdade, em relação a indivíduo neste último processado ou condenado e lá refugiado. A extradição envolve sempre dois Estados soberanos, sendo ato de cooperação entre ambos na repressão internacional de crimes, diferentemente do que o Estatuto de Roma chamou de entrega, onde a relação de cooperação se processa entre um Estado e o próprio Tribunal. (Mazzuoli, 2011, p. 68-69)*

Por ser de caráter permanente, o TPI propicia ao cidadão garantia de julgamento justo e a não criação de um tribunal de exceção. Além disso, trouxe inovações de suma importância ao direito penal internacional, com respeito aos princípios da legalidade, anterioridade, complementariedade, subsidiariedade, entre outros.

Estatuto de Roma submente a julgamento perante o Tribunal Penal Internacional qualquer pessoa que tenha cometido os crimes de sua competência, independente do cargo que ocupa (Artigo 27 do Estatuto de Roma), sendo irrelevante a qualidade oficial do autor do delito.

A discussão da possibilidade de entrega ao TPI de nacionais ou naturalizados é dirimida pelo entendimento proferido pela Ministra Rosa Weber na PET. 4625/SUD. Trata-se de pedido de cooperação para efetivação do mandado de detenção em face de Omar Hassan Al Bashir, Presidente da República do Sudão, em que a Nobre Ministra[7] ensina que: "... o princípio da cooperação, mais pertinente ao presente caso, prescreve um dever geral de cooperação,

---

7     PET 4625/SUD, relatora Ministra Rosa Weber, DJ em 24/06/2020.

positivo no art. 86 do Estatuto, e configura-se como o pilar da viabilidade e do êxito do Tribunal".

Além dos ensinamentos apresentados pela ministra na decisão da PET. 4625/SUD, o STF já se manifestou sobre a possibilidade da entrega de brasileiro, através do Informativo 554.

Apesar da controvérsia de entendimentos acerca do ato de entrega de brasileiro nato ou naturalizado, não há qualquer óbice legal, ainda mais que há diferença entre os institutos da extradição e da entrega, bem como a Constituição Federal recepcionou na íntegra o Estatuto de Roma, por ser compatível com as normas constitucionais.

# CONCLUSÃO

Em face das atrocidades cometidas nas duas Grandes Guerras Mundiais, o mundo exigiu a responsabilização individual dos chefes diretos dos delitos cometidos. Como resposta a necessidade mundial, surgiu a criação do Tribunal de Nuremberg e Tóquio.

Os tribunais ad hoc eram alvos constantes de críticas, por serem considerados tribunais de exceção, em muitos casos não havendo respeito aos princípios fundamentais do direito penal.

A criação dos Tribunal Penal Internacional para a ex- Iugoslávia e o Tribunal Penal Internacional para Ruanda foram marcos fundamentais para Tribunal Penal Internacional de caráter permanente.

O Tribunal Penal Internacional surgiu com o Estatuto de Roma, tendo início suas atividades no ano de 2003 na cidade de Haia/Holanda, sendo o Brasil Estado-Parte através do Decreto n.º 4.388/2002, e inserido na Constituição Federal no §4º, artigo 5º com a Emenda Constitucional 45/2004.

Através dos estudos realizados, percebe-se a distinção entre os institutos de extradição e entrega que são totalmente diversos. A extradição é instrumento de cooperação jurídica internacional em matéria penal, em que dois Estados atuam em interesse mútuo com a finalidade de repressão dos delitos, enquanto o ato de entrega ao TPI está disposto no artigo 89 do Estatuto de Roma, em que o Estado deve aplicar a sua legislação interna, sob pena de o agente ser submetido ao TPI, exercendo este papel secundário, processando e julgando crimes quando o Estado-Parte for omisso ou se mostrar incompetente para processar e julgar os crimes de genocídio, crimes contra a humanidade, crimes de guerra e de agressão.

O Estado brasileiro preocupa-se em zelar pelos direitos humanos, inclusive em âmbito internacional. No artigo 7º do ADCT prevê a colaboração na criação de um tribunal internacional de direitos humanos.

A conclusão, após análise de doutrina e entendimentos proferidos pelas Instâncias Superiores, em especial a PET 4625/SUD e o Informativo 554 do STF, o ato de entrega de brasileiro nato ou naturalizado não é vedado pelo ordenamento jurídico pátrio, bem como é distinto do instituto da extradição.

O próprio Estatuto de Roma traz a distinção entre extradição e ato de entrega, e sendo o Brasil Estado-Parte, deve cooperar com o TPI para combater a impunidade e a proteção dos direitos humanos, inclusive cumprir exigência de entrega quando requisitada pelo tribunal.

Para que os objetivos da justiça penal internacional sejam alcançados, o Brasil não pode medir esforços para a paz mundial, e o ato de entrega perante o Tribunal Penal Internacional é mecanismo legítimo.

Sendo assim, o ato de entrega de brasileiro nato ou naturalizado não é vedado pela Constituição Federal, enquanto a extradição não é aplicável a organismo internacional e não permitida para brasileiro nato ou naturalizado, conforme disposto no artigo 5º, LI da Constituição Federal.

# REFERÊNCIAS BIBLIOGRÁFICAS

- Araújo, Nádia de. Direito internacional privado: teoria e prática brasileira. 9ª ed. São Paulo: Thomson Reuters Brasil, 2020.

- Barroso, Luís Roberto. Curso de direito constitucional contemporâneo: os conceitos fundamentais e a construção do novo modelo. 10ª ed. São Paulo: SaraivaJur, 2022.

- Brasil. Constituição da República Federativa do Brasil de 1988.

- Brasil. Secretaria Nacional de Justiça (SNJ). Manual de extradição. Brasília: Secretaria Nacional de Justiça, Departamento de Estrangeiros, 2012.

- Cretella Neto, José. Direito internacional público. São Paulo: Thomson Reuters Brasil, 2019.

- Estefam, André. Direito penal – volume 1: parte geral. 10ª ed. São Paulo: Saraiva Educação, 2021.

- Guerra, Sidney. Curso de direito internacional público. 13ª ed. São Paulo: Saraiva Educação, 2021.

- Mazzuoli, Valério de Oliveira. Tribunal penal internacional e o direito brasileiro. São Paulo: Revista dos Tribunais, 2011.

- Nery Junior, Nelson e Andrade Junior, Rosa Maria de. Constituição federal comentada. 7ª ed. São Paulo: Thomson Reuters Brasil, 2019.

- Pereira, Carlos Frederico de Oliveira. Implementação do estatuto de roma e aplicação direita. IN: Tribunal penal internacional: possibilidades e desafios. Kai Ambos e Carlos Eduardo Adriano Japiassú (org). Rio de Janeiro: Lumen Juris, 2005.

- Ramos, André de Carvalho. Curso de direito internacional privado. 2ª ed. São Paulo: Saraiva Educação, 2021.

## Páginas de pesquisa na Internet:

- Estatuto de Roma: http://www.dhnet.org.br

- Tribunal Penal Internacional: http://icc-cpi.int

# O PRINCÍPIO DA IDENTIDADE E O DESCUMPRIMENTO DO COMPROMISSO DE COMUTAÇÃO DAS PENAS

Autora:

Daniele Arcolini Cassucci de Lima

## INTRODUÇÃO

O presente trabalho tem por objetivo a análise do princípio da identidade e o descumprimento da aplicação da pena imposta pelo Estado Requerido pelo Estado Requerente. A cooperação internacional está cada vez mais presente no mundo e entre os indivíduos e entre os entes que atuam na sociedade internacional.

Em direito penal também se vê a aplicação do direito internacional o que é muito mais comum do que se imagina, notadamente quando se trata do processo para a entrega de uma pessoa para outro país que cometeu crime ou está sob acusação de ter cometido.

O processo de extradição é complexo do ponto de vista dos países, posto que, como é sabido, o objetivo do Direito Internacional Público é zelar pelo comportamento dos Estados que atuam na sociedade internacional de modo que essa convivência seja harmônica.

Assim, um Estado pode pedir ao outro a entrega de indivíduo que tenha cometido crime para que seja punido em seu território, desde que respeite o procedimento estipulado pelo Direito Interno do País, sob pena de ofensa à Ordem Pública e à Soberania Nacional, dentre outras questões importante dentro da estrutura de cada Estado.

O presente trabalho abordará a cooperação jurídica internacional e como o Brasil se comporta em relação à cooperação, além de ser abordado também o procedimento de extradição, competência e requisitos.

Por fim, o estudo contemplará os princípios que permitem a extradição no Brasil, sobretudo o princípio da identidade ou dupla tipicidade que deve ser respeitado para que não haja impedimento na completude do processo e as consequências de eventual descumprimento da pena imposta no Estado Requerido pelo Estado Requerente quando da entrega.

## PALAVRAS-CHAVE

Cooperação internacional. Extradição. Princípio da Identidade. Direito Penal. Entrega. Estrangeito. Descumprimento. Pena imposta.

## ABSTRACT

The present work aims to analyze the principle of identity and the non-compliance with the application of the penalty imposed by the Requested State by the Requesting State. International cooperation is increasingly present in the world and among individuals and between entities that operate in international society.

In criminal law, the application of international law is also seen, which is much more common than imagined, especially when it comes to the process of handing over a person to another country that has committed a crime or is accused of having committed it.

The extradition process is complex from the point of view of the countries, since, as is known, the objective of Public International Law is to watch over the behavior of States that operate in international society so that this coexistence is harmonious.

Thus, a State may ask the other to surrender an individual who has committed a crime in order to be punished in its territory, provided that it respects the procedure stipulated by the country's domestic law, under penalty of offense to Public Order and National Sovereignty, among others important issues within the structure of each state.

The present work will address international legal cooperation and how Brazil behaves in relation to cooperation, in addition to addressing the procedure of extradition, competence and requirements.

Finally, the study will contemplate the principles that allow extradition in Brazil, especially the principle of identity or double typicality that must be respected so that there is no impediment in the completeness of the process and the consequences of eventual non-compliance with the penalty imposed by the State Requested by the State Applicant upon delivery.

# KEYWORDS

Cooperação internacional. Extradição. Princípio da Identidade. Direito Penal. Entrega. Estrangeito. Descumprimento. Pena imposta.

# INTRODUÇÃO

O presente trabalho busca fazer uma análise da responsabilidade do Estado Requerente no cumprimento da pena imposta pelo Estado Requerido quando há o deferimento da extradição.

Cada vez mais é possível verificar o crescimento das relações internacionais dos países que atuam na sociedade internacional e a extradição é uma forma de cooperação internacional no âmbito do direito penal.

Com efeito, não se trata apenas de cooperar no âmbito internacional, mas de respeito à soberania nacional e à ordem pública de cada país. Voltando aos tempos mais remotos, não era raro um país adentrar o território de outro para "caçar" estrangeiro que cometeu uma infração penal, sendo que depois do tratado de paz de Amiens assinado em 27 de março de 1802 pela Grã-Bretanha, França, Espanha e a República de Batávia. O tratado contemplava, em seu bojo, uma espécie de acordo para o intercâmbio de prisioneiros de guerra.

Portanto, a partir da evolução dos conceitos de ordem pública e soberania nacional com o escopo de manter a paz e a cooperação entre os Estados atuantes na sociedade internacional passaram a ser seguidos.

Mesmo com a consolidação de alguns princípios, ainda é possível se deparar com a possibilidade de descumprimento da pena imposta para a concessão da extradição de estrangeiro, ou seja, o País Requerente pode não cumprir a pena imposta pelo Estado Requerido Brasil em atenção ao princípio da dupla tipicidade.

O tema do estudo em questão pretende abordar justamente essa possibilidade no pedido de Extradição e as consequências para o País que descumpre a pena imposta pelo Estado Requerido quando da análise do pedido de extradição.

No Brasil, o processo de extradição, de competência do Supremo Tribunal Federal, segue um processo que objetiva cooperar internacionalmente, mas respeitando o ordenamento jurídico interno do país, como a observância do princípio da dupla identidade ou dúplice identidade, o que será tratado neste estudo.

O objetivo do trabalho é justamente mostrar as consequências do descumprimento das condições impostas para a pena no Estado Requerido pelo Requerido Requerente que receberá o estrangeiro para a aplicação da penalidade por ato criminoso.

Para tanto, pretende-se examinar a evolução das relações internacionais e a importância delas para o direito internacional.

Em seguimento, a cooperação internacional será estudada com a observância da legislação do Brasil, como acordos multilaterais e bilaterais, em resolução do Superior Tribunal de Justiça, no regimento interno do Supremo Tribunal Federal, no Código de Processo Civil, na Lei de Introdução às Normas de Direito Brasileiro e na Lei de Migração.

Com a compreensão da cooperação internacional, o processo de extradição será estudado de acordo com a legislação do Brasil, com ênfase no princípio da dupla identidade, a fim de se entender os aspectos de tal princípio e sua importância no ordenamento jurídico do Brasil.

Por fim, serão analisadas as consequência do descumprimento pelo Estado que requer a extradição quando o Brasil conceder a extradição condicionada ao cumprimento da pena que seria aplicada no Brasil caso o crime tivesse ocorrido aqui e o impacto da inobservância do processo de extradição perante a sociedade internacional e eventual responsabilização internacional.

# A IMPORTÂNCIA DAS RELAÇÕES INTERNACIONAIS

Desde o surgimento da Liga das Nações, cujo objetivo era perpetuar a paz entre os países vitoriosos na primeira guerra mundial e sua queda após o fracasso de evitar uma segunda guerra mundial, surgiu a Organização das Nações Unidas. Na carta da ONU[1],

---

1    Disponível em: <http://www.planalto.gov.br/ccivil_03/decreto/1930-1949/D19841.htm>. Acesso em 28/03/2021.

*"[...] pela aceitação de princípios e a instituição dos métodos, que a força armada não será usada a não ser no interesse comum, a empregar um mecanismo internacional para promover o progresso econômico e social de todos os povos."*

O que claramente se extrai da leitura do artigo acima é a necessidade de integração entre os países com vistas para a economia. De certa forma, pode-se dizer que os países que compõem a sociedade internacional sempre mantiveram relações de várias formas: na economia, na participação ou criação de de alguns mecanismos internacionais e essas relações se intensificaram ainda mais depois da globalização.

Importante mencionar que as relações internacionais se intensificaram com a globalização. Na década de 1980, a palavra globalização era utilizada para explicar a interação econômica entre os povos, marcada pelo avanço da tecnologia. A internet também contribuiu para essa evolução e para a integração dos povos, haja vista que o que acontece num país é notícia em todos os jornais, ou seja, o conhecimento e a conexão entre pessoas e povos é potencializada a nível mundial.

A globalização pode ser definida como processo progressivo da integração entre as várias partes do mundo, particularmente nos campos político, econômico, social e cultural, com objetivo de formar um espaço internacional comum com objetivo de facilitar a circulação descomplicada de serviços, bens e pessoas. (MELLO, 2004, p. 56-57).

Quando as relações internacionais de um país transcendem fronteiras, contemplando as mais diversas ligações desenvolvidas entre os Estados que compõem a sociedade internacional. De qualquer ângulo que se olhe os países da sociedade internacional é possível encontrar relações internacionais.

As relações internacionais fortalecem a integração entre os países, permitindo a melhora na comunicação e a ampliação dos propósitos da

Organização das Nações Unidas, além de possibilitar o crescimento e interação dos países na economia, na cultura e na política.

Entre os Estados as relações internacionais também podem ser observadas através das relações diplomáticas que são fontes genuínas da aproximação dos países, envolvendo a acreditação de funcionários dos Estados que os representam.

Vale lembrar que a doutrina clássica reconhecia apenas os Estados como entes com personalidade e capacidade de atuar na sociedade internacional. Com a evolução do Direito Internacional, a doutrina reconheceu a atuação de outros entes, mesmo que fragmentários, fazendo com que as relações internacionais ganhassem mais espaço.

As relações internacionais sempre foram importantes e com o cenário de pandemia isso ficou ainda mais evidenciado sobretudo no que diz respeito à compra de materiais e insumos para a produção de vacina e de pesquisas, o que pode acelerar a contenção da doença.

Outrossim, relacionar-se internacionalmente é garantia de evolução e crescimento na sociedade internacional.

# A COOPERAÇÃO JURÍDICA INTERNACIONAL

Os Estados são entes soberanos que independem de anuência de qualquer outro ente para existir, possuem governo soberano, povo e território. As relações jurídicas que se devolvem dentro do território do Estado reclamam a disciplina da legislação interna, com a aplicação do direito interno de cada país, não admitindo a intervenção de outro ente estatal em qualquer esfera.

Claramente, quando se tem territorialidade, ou seja, quando não há relações que transcendem fronteiras, a cooperação jurídica internacional acaba ficando em segundo plano, uma vez que existem órgãos que fazem essa tarefa, como os poderes Executivo, Legislativo e Judiciário. Contudo, em se tratando de relações que transcendem fronteiras, característica dos entes que atuam na sociedade internacional, há a necessidade de cooperar.

Com o desenvolvimento das relações internacionais, é normal se deparar com a necessidade de que alguns atos judiciais sejam cumpridos em outro Estado ou atos de outros Estados sejam cumpridos aqui, como intimações, citações, oitivas de testemunhas, dentre outros.

Ocorre que, atrelado à territorialidade e à soberania nacional, um ente não pode invadir o território do outro, ainda que seja para a execução de atos da justiça. Se justificam, então, as normas de organização internacional que visam regulamentar algumas ações entre Estado, facilitando a comunicação e deixando-a menos ruidosa.

Nenhum ente é obrigado a colaborar, sendo que o Brasil é um país que colabora com outros entes, seja na esfera cível, seja na esfera penal, possibilitando a realização dos atos do poder judiciário pretendidos.

A cooperação se funda em tratado ou promessa de reciprocidade e no Brasil, os atos de cooperação, compreendem: a extradição, a homologação de decisões estrangeiras, o auxílio direto e as cartas rogatórias.

As regras para a cooperação têm previsão legal no ordenamento jurídico interno do país que irá cooperar com outro que precisa de uma ação. No caso do Brasil, existem algumas regras quanto à cooperação pelo ordenamento jurídico interno, como no Código de Processo Civil, na resolução de nº 9 do Superior Tribunal de Justiça e em alguns tratados de que faz parte.

Da leitura do artigo 21, inciso I, a União possui competência para manter relações internacionais, materializadas com o auxílio dos órgãos que compõem o Estado.

No Brasil, a União conta com auxílio do Chefe de Estado e dos Ministros de Estados, além do poder judiciário e do Ministério da Justiça com designação para exercer a autoridade central para a cooperação jurídica internacional com ajuda do Departamento de Recuperação de Ativos e Cooperação Jurídica Internacional (DRCI) e do Departamento de Estrangeiros (DEEST) em conformidade com o Decreto de n° 6.061/2007 que analisa os pedidos de extradição de pessoas condenadas.

No âmbito internacional, o Brasil faz parte da Convenção para a Repressão do Tráfico de Pessoas e do Lenocínio, da Convenção sobre a Prestação de Alimentos no Estrangeiro (Convenção de Nova York), da Convenção da Haia e da Convenção da UNIDROIT.

Ainda, no cenário interamericano, o Brasil participa dos seguintes tratados: Protocolo sobre Uniformidade do Regime Legal das Procurações Utilizadas no Exterior, da Convenção Interamericana sobre Cartas Rogatórias, dentre outros.

Já no Mercosul, o Brasil participa do Protocolo de Cooperação e Assistência Jurisdicional em Matéria Civil, Comercial, Trabalhista e Administrativa e o Protocolo de Medidas Cautelares. Além disso, o Brasil é parte em tratados bilaterais na seara da cooperação internacional com Argentina, Chile, Espanha, França, Itália, Japão, Bolívia, Peru, Uruguai, Suíça e Uruguai. (PORTELA, 2018).

O Brasil, portanto, é um país que coopera internacionalmente tanto na esfera civil quanto na esfera penal, de modo a intensificar sua atuação na sociedade internacional e estreitar ainda mais as relações internacionais que possui com outros países.

# DA EXTRADIÇÃO – CONSIDERAÇÕES GERAIS

Primeiramente, vale lembrar que a extradição, antes da Lei de Migração, era instituto classificado e tratado como condição jurídica do estrangeiro ao lado da Deportação e da Expulsão. Entretanto, a extradição é cooperação jurídica internacional em matéria penal.

A Extradição faz parte da comunicação entre os países e consiste no ato pelo qual um Estado entrega sujeito acusado ou condenado por ilícito penal a outro Estado para cumprimento da pena ou julgamento. O interesse na extradição pressupõe: o interesse em punir do Estado que solicita e a presença de ilícito penal.

O termo extradição vem da expressão latina ex traditione - entrega de alguém de um território a outro. (MAZZUOLI, 2018, p. 1.088).

Retomando a ideia da territorialidade, os Estados podem punir pessoas que se encontrem sob sua jurisdição. Assim, uma ordem de prisão não poderá ser cumprida em outro país diretamente pelo Ente que a emitiu, uma vez que pode incorrer na ofensa à Soberania Nacional e à Ordem Pública.

O objetivo da Extradição é justamente resolver o impasse. Não parece justo que uma pessoa cometa um ilícito penal e se esquive de responder a processo ou até mesmo de cumprir a pena por se esconder em outro Estado.

Da mesma forma, a proteção da ordem pública e da soberania nacional dos Estados não pode servir de albergue para a impunidade de indivíduos acusados de cometerem infração penal ou que já tenham sido condenados para que não haja a impunidade.

Em seguimento, impende destacar que, cada país, é livre para conceder ou não a extradição, isto é, nenhum país é obrigado a cooperar e as disposições quanto à extradição estão previstas na legislação interna de cada país e deve respeitada pelo Estado que deseja solicitar a medida.

No Brasil, a extradição está prevista na Constituição Federal nos artigos 5º, incisos LI e LII, 22, inciso XV e 102, inciso I, alínea g e na Lei de Migração, nos artigos 81 a 99).

A Extradição não se trata de ato de ofício, sendo necessário o requerimento pelo Estado que deseja aplicar a punição que entende necessária quanto à infração cometida. Cabe anotar que os pedidos para a Extradição somente podem ser feitos por Estados, isso quer dizer que nem mesmo as organizações internacionais ou outros entes que possuem personalidade reconhecida na sociedade internacional podem solicitar a medida.

Diferentemente das outras modalidades de cooperação internacional, a extradição se refere apenas à prática de atos ilícitos na esfera penal, não sendo possível usar desse instituto para cooperar para a prisão ou punição de de outros atos ilícitos em outras esferas do ordenamento jurídico. Nesse contexto, percebe-se, até mesmo pela complexidade do processo, que será abordado mais adiante, que a extradição cuida de atos com certa gravidade o que é reconhecido pela doutrina internacional também,

De acordo com a Doutrina, a Extradição pode ser instrutória quando a investigação ainda está em curso, ou ainda, executória quando há decisão condenatória; ativa quando o Estado pede ou passiva quando o Estado recebe o pedido para ser apreciado. O pedido, em regra, deve ser feito por via diplomática, nos termos da Lei de Migração ou através de órgão competente do Poder Executivo. (PORTELA, 2018, p. 329).

Destaque-se que o Estado que faz o pedido de extradição deve instruí-lo com os documentos e informações necessários para a compreensão, além do fato de comprovar os requisitos dispostos na legislação e tratados pertinentes, sendo que nada impede que o Supremo Tribunal Federal conceda prazo para que informações essenciais ou adicionais sejam prestadas pelo Estado Requerente.

# DO FUNDAMENTO DA EXTRADIÇÃO

Conforme previsão legal no revogado Estatuto do Estrangeiro, a extradição se fundamentava na existência de tratado bilateral entre os Estados Solicitado e o Solicitante que cuidavam de prever condições a serem seguidas, sendo que, não havendo tratando, deveria existir uma promessa de reciprocidade que faz com que o Ente Solicitado se compromete a examinar o pedido de extradição.

Contudo, essas regras não foram mantidas com o advento da Lei de Migração, sendo crível admitir que além de tratado bilateral e de promessa de reciprocidade, outras regras podem ser usadas para ensejar e embasar o pedido de extradição. Neste particular, caberá à doutrina estabelecer se outros instrumentos poderão servir de fundamento para o pedido de extradição.

Os tratados que fundamentam o pedido de extradição podem ser bilaterais e multilaterais e podem versar exclusivamente sobre a extradição ou contemplar diversos aspectos juntamente com a possibilidade do envio do pedido extradicional e possuem validade entre os países signatários.

A existência de tratado permite o envio do pedido de extradição e obriga o país que o recebe, signatário do tratado, a realizar o exame do pedido de extradição. Com efeito, como dito noutra parte, nenhum ente é obrigado a extraditar, portanto, mesmo com a existência de tratado, não há obrigatoriedade para a concessão do pedido de extradição, sob pena de violação da soberania nacional e da ordem pública.

Para que haja a concessão da extradição e a consequente entrega do extraditando, os requisitos impostos pelo ordenamento jurídico do Brasil e do Tratado devem estar presentes.

Sem a existência de tratado entre os entes, pode haver o pedido de extradição com a promessa de reciprocidade que é instrumento que deve ser aceito pelo país que se pretende enviar o pedido de extradição. Se for aceito o instrumento da promessa da reciprocidade, do mesmo modo que ocorre quando há tratado, não há a obrigatoriedade da concessão da extradição, existindo apenas a obrigação de examinar o pedido para análise.

# DA COMPETÊNCIA PARA EXAME DO PEDIDO DE EXTRADIÇÃO: REQUISITOS

O pedido de extradição deve ser requerido por via diplomática, representado pelo Ministério das Relações Exteriores ou através das autoridades designadas para este fim (Ministério da Justiça) e depois vai para o Supremo Tribunal Federal. (PORTELA, 2018).

Com efeito, o pedido do Estado Requerente é recebido pelo Ministério das Relações Exteriores ou pelo Ministro da Justiça e deve ser instruído com os documentos necessários, notadamente em relação ao fato criminoso que o extraditando está sendo acusado ou da decisão condenatória.

Esses órgãos fazem uma avaliação preliminar para saber se o pedido reúne condições para ser enviado à apreciação do Supremo Tribunal Federal, com base no tratado e na lei de migração.

Logo, a competência para a extradição envolve o Poder Executivo e o Poder Judiciário, sendo que o processo e a competência da extradição são definidos em legislação interna dos Estados que cooperam internacionalmente.

Em matéria internacional, com a emenda constitucional 45/2004, várias questões de competência foram alteradas: como a homologação de sentença estrangeira, a análise das cartas rogatórias que eram do Supremo Tribunal Federal e passaram a ser do Superior Tribunal de Justiça.

Nos termos do artigo 102, inciso I, alínea "g", a competência para o processamento do pedido de extradição é do Supremo Tribunal Federal. Trata-se de competência originária.

Estando o pedido em termos, ou seja, respeitando o disposto no tratado que se fundamenta ou na promessa de reciprocidade, atendendo, ainda, os requisitos da lei de migração, o pedido segue para análise e deliberação da corte máxima em matéria constitucional. Saliente-se, por oportuno, que, caso o pedido esteja em desconformidade com o disposto no tratado e os requisitos da lei de migração não tenham sido obedecidos, o pedido é arquivado pelo órgão que o recebeu inicialmente.

Com a distribuição do processo, este será direcionado a um Ministro relator e, na sequência, será marcado interrogatório do acusado, podendo-lhe ser nomeado defensor , nos termos do artigo 91, inciso I, caput da Lei de Migração.

Como corolário do contraditório e da ampla defesa, a fim de frear a alegação de nulidade no futuro, será oportunizada defesa que deve se referir apenas a identidade da pessoa reclamada, defeito de forma de documento apresentado ou ilegalidade da extradição, em consonância com o artigo 91, §1º da Lei de Migração.

O Supremo Tribunal Federal, por sua vez, não entra no mérito da questão que lhe é submetida no pedido de extradição, como por exemplo, a culpa ou não do acusado, a legalidade ou não da investigação.

A Corte Suprema não olha o conjunto probatório, se as provas são pertinentes, lícitas ou suficientes e, na mesma linha, não compete ao órgão que faz o exame, a verificação dos elementos de convicção que levou a Justiça do País que requer a extradição a investigar o acusado.

Tais elementos, tão inerentes a qualquer processo que vise a restrição de liberdade e a imposição de pena não podem ser questionados por outro Estado que não aquele que possui o interesse em punir e, para tanto, requer a extradição. Com efeito, se fosse admissível a revisão de tais questões elementares não precisaríamos do pedido de extradição, pois estar-se-ia assumindo para si o interesse, o dever e a responsabilidade de punir o acusado e, mais, haveria verdadeira e clara invasão de soberania nacional e ordem pública, fazendo com que o instituto da extradição perdesse completamente seu sentido.

No entendimento do Supremo Tribunal Federal, essa percepção é consolidada e o Brasil adota o método da delibação em que a análise é revestida apenas das formalidades legais, não havendo exame em profundidade com o fito de questionar ou fazer juízo quanto ao cerne da questão apresentada no pedido extraditório. (PORTELA, 2018, p. 364).

O que a Suprema Corte leva em consideração é se os requisitos para o pedido estão em consonância com o tratado ou promessa de reciprocidade e com a Lei de Migração. (MAZZUOLI, 2019, p. 1.089).

Vale registrar que, depois da análise do pedido de extradição, questiona-se se o Presidente da República pode ou não fazer alguma interferência na decisão tomada pelo Supremo. A resposta é óbvia: se o Supremo conceder a extradição, o Presidente pode interferir por questões consideradas políticas, sendo certo que o contrário não é possível, isto é, caso o Supremo decida pela não extradição, não pode o Presidente fazer qualquer intervenção.

No Brasil, portanto, em que pese outros órgãos receberem o pedido de extradição, a competência para processamento, análise e deferimento ou não é do Supremo Tribunal Federal.

Seguindo adiante, para que se tenha o pedido de extradição é preciso que haja o cometimento de crime e, via de consequência, processo penal em andamento no Estado Requerente, em obediência ao artigo 83, inciso II da Lei é imprescindível que o extraditando esteja respondendo a processo investigatório ou a processo penal ou tenha sido condenado pelas autoridades judiciárias do Estado requerente à pena privativa de liberdade. Essa é a dicção do art. 83, II, da Lei de nº 13.445/2017.

O fato criminoso deve estar tipificado no ordenamento jurídico do País que pede a extradição e também aqui no Brasil, o que será objeto de análise em capítulo separado por se tratar do verdadeiro objetivo do trabalho.

# DO PRINCÍPIO DA ESPECIALIDADE

Como visto no decorrer do trabalho, o pedido de extradição é revestido de algumas formalidades ante a gravidade da questão que envolve a acusação do cometimento de crime ou o cumprimento da pena em caso de ter tido condenação.

Além das formalidades legais a serem respeitadas, bem como as disposições em tratados e legislações, o pedido de extradição, por este princípio, fica adstrito ao que ali está contido.

Isso quer dizer que o Estado que recebe o pedido de extradição fará a análise estritamente do que ali está contido, exatamente como acontece no ordenamento jurídico interno do Brasil com a máxima: o que não está nos autos, não está no mundo.

Dessa forma, não pode o País que requer a extradição punir o extraditando por fato diverso daquele constante no pedido de extradição. Assim, se um país deseja punir o extraditando por outros crimes que não fizeram parte do pedido de extradição, o Estado que analisa o pedido não terá nenhuma responsabilidade caso conceda a extradição e isso ocorra, pois são fatos totalmente alheios à sua esfera de cognição.

Por pertinente, urge esclarecer que pode haver o aditamento ao pedido de extradição, desde que seja respeitado o devido processo legal. Pode, pois, o Estado Requerente incluir no pedido de extradição outros fatos para serem apreciados pelo Supremo Tribunal Federal.[2]

O pedido de extensão também pode estar previsto em tratados, como é o caso do Acordo de Extradição entre Estados Partes Do Mercosul (Decreto 4.975/2004) que, em seu artigo 14, permite a extensão da extradição para fins de detenção, julgamento ou condenação da referida pessoa em função de qualquer outro delito. (PORTELA, 2018, p. 370).

Claramente, tal pedido deve ser usado com parcimônia, conforme previsão expressa no artigo 96, inciso V, da Lei de Migração, sob pena de se banalizar o pedido de extradição e fazer dele instrumento de interesses políticos.

# DO PRINCÍPIO DA IDENTIDADE

Um dos requisitos principais do pedido de extradição é a observância do princípio da identidade ou dupla tipicidade ou dúplice tipicidade ou, ainda, dupla incriminação. Isso quer dizer que o fato, objeto do pedido de extradição, deve ser punido como crime no país requerente e no país solicitado, conforme

---

2    SUPREMO TRIBUNAL FEDERAL. Informativo 695. Brasília, DF, 13 a 22 de fevereiro de 2013. Processo: Extensão na Ext 1.139/República Portuguesa. Relatora: Min. Rosa Weber. Disponível em: <https://stf.jusbrasil.com.br/jurisprudencia/23519722/extensao-na-extradicao-ext-1139-stf/inteiro-teor-111736998?ref=juris-tabs>.

previsão do artigo 82, inciso II da Lei de Migração, isto é, não será concedida a extradição quando o fato que motivar o pedido não for considerado crime no países envolvidos.

O que se preza é que nos dois países o fato seja, na sua essência, parecido. Não se exige que os dois ordenamento jurídicos sejam absolutamente idênticos[3],

---

3        PRIMEIRA TURMA. Extradição executória e soberania estatal. A omissão de declarações ao fisco espanhol, objetivando a supressão de tributos, corresponde ao crime de sonegação fiscal tipificado no art. 1º, I, da Lei 8.137/1990, a satisfazer a exigência da dupla incriminação, que prescinde da absoluta identidade entre os tipos penais. A impossibilidade da conversão da pena de multa em prisão em decorrência de seu descumprimento é questão não afeta à jurisdição brasileira, sob pena de afronta à soberania do Estado na regulação de seus institutos penais. Com base nessa orientação, a Primeira Turma, por maioria, deferiu pedido de extradição formulado pelo Governo da Espanha. Na espécie, tratava-se de pleito de extradição executória para que o extraditando cumprisse o restante da pena, que fora acrescida de cinco meses em razão do inadimplemento da pena de multa. A Turma esclareceu não se tratar de dívida, porém, de pena acessória a uma pena criminal, com característica de sanção penal. Destacou que o Estado requerente deverá firmar o compromisso de descontar da pena o tempo de prisão do extraditando no território brasileiro para fins de extradição. Assinalou que a ausência de legislação a respeito da competência do Estado requerente para o processo e o julgamento não teria relevância em face do princípio da territorialidade, aplicável em se tratando de prática delituosa contra o seu fisco. A alegada prescrição da pretensão punitiva seria impertinente, porquanto se trataria de sentença penal transitada em julgado, vale dizer, de questão afeta à prescrição da pretensão executória. A inexistência de comprovação dos marcos interruptivos do curso prescricional não impossibilitaria verificar a inocorrência da causa extintiva da pena, mercê de o art. 133 do Código Penal espanhol dispor que o prazo prescricional da pretensão executória começaria a fluir do trânsito em julgado da sentença (2.2.2011), ou seja, entre o marco inicial e a presente data não teria transcorrido o lapso prescricional de cinco anos previsto na legislação espanhola. De igual forma, não estaria configurada a prescrição segundo a lei brasileira, que prevê o prazo prescricional de oito anos para a pena superior a dois anos e não excedente a quatro anos. Vencido o Ministro Marco Aurélio, que concluía não ser possível a entrega do extraditando. Lembrava que o Brasil subscrevera o Pacto de São José da Costa Rica e, com isso, fora revogada a

até porque cada país possui seu ordenamento jurídico com as características inerentes à legislação que adota, cabendo aos países e à legislação que contempla o pedido de extradição, respeitar o ordenamento jurídico de cada ente Estatal.

Desse princípio, surgem várias proibições quanto à concessão do pedido de extradição, as quais serão analisadas a seguir para o fim de demonstrar a importância da observância da aplicação e do respeito deste princípio quando do processo de extradição.

Adentrando as proibições, nos moldes dos incisos do artigo 83 da Lei de Migração, vale lembrar que o fato que enseja o pedido de extradição deve ser considerado grave e infração penal. Se o fato for crime no Estado Requerente e aqui no Brasil o fato não for revestido de tipicidade, o pedido de extradição não será concedido.

Portanto, o fato deve ser considerado típico e antijurídico, ou seja, deve ser considerado crime na legislação do Brasil[4].

---

prisão por dívida civil. Aduzia que não se coadunaria com nosso ordenamento jurídico a transformação de uma dívida em pena privativa de liberdade. Frisava que, em face do princípio da simetria, se o crime tivesse ocorrido no Brasil, os cinco meses que teriam sido acrescidos em razão do inadimplemento da pena de multa resultantes da transformação não seriam cumpridos.

Ext 1375/DF, rel. Min. Luiz Fux, 25.8.2015. (Ext-1375). Disponível em: < ttp://www.stf. jus.br/arquivo/informativo/documento/informativo796.htm>. Acesso em 04/04/2021.

4        A Segunda Turma indeferiu pedido de extradição instrutória formulado em desfavor de nacional turco, acusado de integrar organização terrorista armada que, em 15.7.2016, teria intentado golpe contra o Governo da República da Turquia e seu presidente. Nos termos da peça postulatória, além de perpetrar outras condutas, ao seguir ordem de líder religioso, o extraditando, entre 2013 e 2014, depositou valor na conta de instituição bancária vinculada à organização. (...) a Turma assentou a existência de obstáculos à concessão do pleito. O primeiro é a ausência de dupla tipicidade. No ordenamento jurídico brasileiro, a tipificação do crime de terrorismo somente veio a lume com o advento da Lei 13.260/2016, posteriormente aos fatos

Em seguimento, mister registrar que, na legislação do Brasil, existem os crimes e as infrações de menor potencial ofensivo cuja pena máxima não exceda dois anos, passíveis de transação penal, nos termos do artigo 69 da Lei 9.099/95.

Logo, se o ilícito penal for crime no país que solicita a extradição e no Brasil for infração de menor potencial ofensivo, não haverá extradição, porquanto,

---

tidos como delituosos, ocorridos entre 2013 e 2014. A eles não se aplica, haja vista a irretroatividade da lei penal brasileira. Portanto, a extradição é inviável, uma vez que, ao tempo da prática das condutas imputadas, não havia tipificação em nossa legislação penal comum. O segundo impedimento à concessão consiste na caracterização política da conduta delituosa atribuída ao extraditando, notadamente sob a perspectiva de seu enquadramento na Lei de Segurança Nacional (Lei 7.170/1983). Isso, porque há expressa vedação constitucional à extradição por crime político (CF, art. 5º, LII). À míngua de legislação específica, o Supremo Tribunal Federal (STF) já reconheceu como delitos políticos aqueles tipificados na Lei 7.170/1983. Nessa linha, a assimilação aos tipos penais da aludida norma traria a questão do tratamento peculiar aos crimes políticos no caso em exame e conduziria à hipótese na qual a extradição é proibida. O terceiro empecilho ao deferimento está na submissão do extraditando a tribunal ou juízo de exceção, vedada inclusive pela Lei de Migração [Lei 13.445/2017, art. 82, VIII]. Essa expressão deve ser apreendida como garantia a um julgamento justo e ao devido processo legal. Podem ser considerados fatos notórios a instabilidade política, as demissões de juízes e as prisões de opositores do governo do Estado requerente. Nos autos, há notícia de que o Parlamento europeu condenou o aumento do controle exercido pelo Executivo naquele país e a pressão política no trabalho dos juízes e magistrados. Em tais circunstâncias, há no mínimo uma justificada dúvida quanto às garantias de que o extraditando será efetivamente submetido a um tribunal independente e imparcial, o que se imporia num quadro de normalidade institucional. Nesse contexto, em juízo de proteção das liberdades individuais, também foi negado o pedido, pois não se pode denotar com certeza a garantia de julgamento isento de acordo com as franquias constitucionais.

[Ext 1.578, rel. min. Edson Fachin, j. em 6.8.2019, 2ª T, Informativo 946.]. Disponível em: <http://www.stf.jus.br/portal/publicacaoTematica/verTema.asp?lei=1724#1735>. Acesso em 17/04/2021.

se o fato tivesse sido praticado no Brasil, haveria suspensão condicional do processo, mediante o cumprimento dos requisitos para tanto.

A identidade também reside no fato de que se o crime que se fundar o pedido de extradição estiver prescrito no Brasil, também não será concedida a extradição. Isso se justifica porque, a prescrição é uma das causas extintivas da punibilidade, que põe fim ao processo ou a pena imposta.

Se o crime, praticado no Brasil, estivesse prescrito, não há razão para a continuidade da investigação, de processo e de aplicação de pena. O princípio da identidade se encontra neste fator também.

Mais adiante, do mesmo modo que ocorre com a prescrição, se o Brasil for competente para julgar aquele crime constante do pedido de extradição, a medida será negada pelo Supremo Tribunal Federal.

Consoante previsão do artigo 70 do Código de Processo Penal, a competência é verificada pelo lugar da infração ou, no caso de tentativa, pelo lugar em que for praticado o último ato de execução. Portanto, os crimes cometidos no território Brasil serão por ele julgados. Quando o delito praticado for de competência do Brasil, o julgamento será aqui, não havendo que se falar em extradição, o que também é fator do princípio da identidade.

O que se nota é que o princípio da identidade consiste em priorizar o ordenamento jurídico do Brasil, uma vez que, todas as proibições para a extradição preservam o ordenamento jurídico do Brasil. Trata-se da proteção ao direito interno do Brasil.

É totalmente aceitável esse posicionamento do Brasil, posto que não parece plausível que um Estado não respeite seu próprio ordenamento jurídico. Esse raciocínio é justificado através da dupla tipicidade quando da análise do pedido de extradição para a entrega de pessoa para ser processada ou cumprir pena em outro país e não poderia ser diferente de acordo com os pilares básicos que sustentam o ordenamento jurídico do Brasil.

No caso de menoridade penal no Brasil, isto é, quando uma pessoa menor de 18 anos cometer crime e for objeto do pedido de extradição, não haverá como deferir o pedido, uma vez que o menor de 18 anos na legislação do Brasil é inimputável, não podendo responder penalmente.

Outra questão que permeia a dupla identidade é a de que o acusado esteja respondendo processo ou tenha sido condenado no território do Brasil, não haverá concessão do pedido de extradição, sob pena de ocorrer bis in idem.

Não menos importante, a questão dos crimes políticos também são contempladas no pedido de extradição. Não será concedida extradição em caso de crime de opinião o qual não faz coisa julgada no Brasil e não tem definição típica.

O princípio da identidade também abrange as penas a serem aplicadas também não podem ser proibidas no Brasil. Tem-se que as penas vedadas no ordenamento jurídico do Brasil como de morte, perpétua, de banimento, cruéis e de trabalho forçado. Aqui, existe uma possibilidade de se extraditar que é prevista na Lei de Migração: a possibilidade de o Estado Requerente concordar em comutar a pena mudando-a para um tipo menos gravoso.

Na visão da autora do trabalho, essa aceitação de deixar de aplicar a pena prevista no país que requer a extradição para a aplicação da pena de acordo com o ordenamento jurídico do país que concederá a extradição configura uma espécie de submissão à legislação deste último país.

Abrir mão da aplicação de seu ordenamento jurídico em detrimento de outro para aplicar a pena é questão profunda que pode ter diversos reflexos, os quais nem sempre serão positivos, como visto no famoso caso da Brasileira que, ao se mudar para os Estados Unidos, renunciou à nacionalidade do Brasil, e foi acusada de matar o marido, vindo a se tornar objeto do pedido de extradição.

Com a concessão da extradição, o Brasil teve conhecimento de rumores de que o país requerente não iria cumprir a pena indicada pelo Brasil que possibilitada a concessão da extradição.

Esse descumprimento, que será abordado mais adiante, pode trazer consequências graves para o país que assume esse risco, podendo ser alvo de investigação por organizações internacionais como a ONU que objetiva a paz e até mesmo ser responsabilizado internacionalmente, se comprovados os requisitos da responsabilização.

Todas as proibições para a concessão do pedido de extradição são plenamente compreensíveis sob qualquer ótica que se olhe, vez que, se nas situações apresentadas, se assim não for e o pedido de extradição for concedido, haverá violação direta do ordenamento jurídico no Brasil pelo Supremo Tribunal Federal, corte máxima em matéria constitucional, ofensa direta ou reflexa.

# A CONCESSÃO DA EXTRADIÇÃO E O DESCUMPRIMENTO DO ESTADO REQUERENTE DA PENA IMPOSTA PELO ESTADO REQUERIDO E SUAS CONSEQUÊNCIAS

O processo de extradição conta com diversos requisitos e possui peculiaridades que devem ser respeitadas para que a extradição seja concedida.

O princípio da identidade sobressai na análise do pedido de extradição posto que consegue delinear a permissão para a concessão da medida respeitando o ordenamento jurídico do Brasil. Tal princípio possibilita a análise do fato ser crime nos dois países (Requerente e Requerido), se o crime está prescrito, se há a imputabilidade (para os casos dos menores de 16 anos), se a pena imposta é permitida no ordenamento jurídico do Brasil.

Neste mister, a extradição pode ser concedida caso as penas sejam diferentes, porquanto, nos termos do artigo 96 e incisos da Lei de Migração, há a possibilidade de deferimento da medida desde que o Requerente se comprometa a cumprir a pena imposta pelo Brasil.

Desse modo, mesmo que o Estado Requerente tenha pena diversa da imposta no Brasil, isto é, mais grave, como pena de morte, prisão perpétuaou corporal, a extradição pode ser deferida mediante concordância do Estado que fez o pedido em não aplicar a pena que é vedada no Brasil.

Portanto, o Estado que deseja punir o estrangeiro deve seguir as regras do Brasil quanto à pena imposta, assumindo, assim, compromisso[5] com o Brasil.

O princípio da identidade resguarda a semelhança dos ordenamentos jurídicos dos países envolvidos na extradição - Estado Requerente e Estado Requerido Brasil), trazendo uma espécie de conforto para a concessão da medida e a consequente entrega do estrangeiro e, ao concordar com o cumprimento da pena imposta pelo Brasil, o Estado Requerido assume um compromisso[6].

---

5       "Extradição. Nacional francês cuja extradição o STF autorizou, em acórdão de 24-8-1977, na Extradição n. 342 - França. Decisão que, entretanto, não foi executada, sobrevindo a soltura do extraditando, diante da impossibilidade manifestada pelo Governo da França, naquela ocasião, de assumir o compromisso de comutar eventual pena de morte em privativa de liberdade, segundo o art. 98, III, do Decreto-Lei n. 941/1969, então vigente. Com a extinção da pena de morte, na França, por força da Lei n. 81.908, de 9-10-1981, art. 1º, daquele País, renova-se, agora, pedido de extradição do mencionado alienígena, pelo mesmo fato." (Ext 546, rel.min. Néri da Silveira, julgamento em 26-2-1992, Plenário, DJ de 11-9-1992.). Disponível em:<http://www.stf.jus.br/portal/publicacaoTematica/verTema.asp?lei=1724#1726>. Acesso em 17/04/2021.

6       "Extradição -- Pena de morte -- Compromisso de comutação. -- O ordenamento positivo brasileiro, nas hipóteses de imposição do supplicium extremum, exige que o Estado requerente assuma, formalmente, o compromisso de comutar, em pena privativa de liberdade, a pena de morte, ressalvadas, quanto a esta, as situações em que a lei brasileira -- fundada na Constituição Federal (art. 5º, XLVII, a) - permite a sua aplicação, caso em que se tornará dispensável a exigência de comutação. Hipótese inocorrente no caso. A Convenção de Viena sobre Relações Diplomáticas - Artigo 3º, n. 1, a - outorga, à Missão Diplomática, o poder de representar o Estado acreditante (État d'envoi) perante o Estado acreditado ou Estado receptor (o Brasil, no caso), derivando, dessa função política, um complexo de atribuições e de poderes reconhecidos ao agente diplomático que exerce a atividade de representação institucional de seu País. Desse

O cerne do presente trabalho reside justamente no fato de o Estado Requerente, após assumir o compromisso para cumprimento da pena imposta pelo Brasil, vier a descumprir, sendo imperioso o questionamento de quais as consequências caso isso aconteça.

Das pesquisas feitas nos históricos dos julgamentos do Supremo Tribunal, os pedidos de extradição cresceram nos últimos tempos resultado da facilitação do direito de ir e vir em escala mundial contido no artigo 13 da Declaração Universal dos Direitos Humanos.

Para ilustrar o assunto, vale a pena recordar do caso do deferimento da extradição nº 1.462 da Primeira Turma do Supremo Tribunal Federal envolvendo pessoa nascida no Brasil que em 1999 se naturalizou americana, renunciando, assim, a nacionalidade do Brasil. O pedido de extradição foi feito pelos Estados Unidos para o Brasil em desfavor de Cláudia Cristina Sobral.

Em decisão, proferida pelo Supremo, a americana seria entregue desde que fosse assumido o compromisso da não aplicação de pena vedada pelo Brasil, de aplicar a detração penal e de respeitar o limite máximo de pena imposta.

Mister salientar quee o Tratado de Extradição Brasil-Estados Unidos, no artigo VI, contempla a obrigação do Estado requerente em não aplicar a pena de morte ao indivíduo extraditado, quando esta não for admitida pela legislação do Estado requerido.

---

modo, o Chefe da Missão Diplomática pode assumir, em nome de seu Governo, o compromisso oficial de comutar, a pena de morte, em pena privativa de liberdade. Esse compromisso pode ser validamente prestado antes da entrega do extraditando ao Estado requerente. O compromisso diplomático em questão traduz pressuposto da entrega do extraditando, e não do deferimento do pedido extradicional pelo Supremo Tribunal Federal." (Ext 744, rel. min. Celso de Mello, julgamento em 1º-12-1999, Plenário, DJ de 18-2-2000.) No mesmo sentido: Ext 1.176, rel. min. Ricardo Lewandowski, julgamento em 10-2-2011, Plenário, DJE de 1º-3-2011; Ext 633, rel. min. Celso de Mello, julgamento em 28-8-1996, Plenário, DJ de 6-4-2001. Disponível em:<http://www.stf.jus.br/portal/ publicacaoTematica/verTema.asp?lei=1724#1726>. Acesso em 17/04/2021.

A legislação e a doutrina internacionais são omissas quanto às modalidades de responsabilização no que tange ao descumprimento do compromisso pelo Estado Requerente.

O descumprimento do compromisso pelo Estado Requerente não implica em qualquer penalidade para o Brasil. Contudo, pelos estudos feitos existe a possibilidade de o Brasil questionar o motivo do descumprimento, exigindo providência.

Outrossim, o desrespeito às regras da concessão da extradição, notadamente no que diz respeito ao compromisso assumido, será interpretada como não cumprimento do disposto em tratado posto que, na comunidade internacional, com representação da ONU, foi reconhecido pela Convenção de Viena sobre Direito dos Tratados o jus cogens, ou seja, as normas do tratado possuem natureza imperativa e contam com eficácia erga omnes.

Com efeito, esse descumprimento gera responsabilidade internacional dos Estados por ato internacionalmente ilícito com o fito de garantir o cumprimento das normas previstas nos Tratados. Aliás, nenhum país é obrigado a celebrar tratado, mas quando o fazem, tornam-se signatários uns dos outros.

O descumprimento trata-se de verdadeira traição e afronta ao que foi pactuado, gerando incerteza e instabilidade nas relações internacionais, posto que envolve a coletividade dos Estados e a atuação destes na sociedade internacional.

Para evitar o ruído na comunicação dos Estados e afetar as relações internacionais, prejudicando a dinâmica da sociedade internacional, a Convenção de Viena cuidou de regulamentar o direito dos tratados.

A Organização das Nações Unidas, criada no final da segunda guerra mundial, após a queda da Liga das Nações tem como maior objetivo a promoção da paz no âmbito internacional e com o fito de assegurar esse propósito pode fazer interferência quando ocorre o descumprimento do compromisso assumido pelo Estado Requerente da pena imposta pelo Estado Requerido.

Essa providência pode ser requerida pelo Estado que se sentiu lesado pelo descumprimento que é grave, porquanto, a extradição não seria concedida caso o compromisso não fosse firmado, configurando verdadeira traição ao Estado que concede a medida com base na confiança da responsabilidade assumida.

Também, a ONU pode fazer a intervenção, por si só, com vistas a restaurar a ordem e a paz entre os Estados da comunidade internacional, fazendo com que as relações internacionais não sejam afetadas.

Em seguimento, pode haver responsabilidade internacional dos Estados, quando houver o descumprimento de normas de organização internacional ou danos a outro ente que atua na sociedade internacional.

A responsabilidade internacional tem por objetivo a reparação de dano causado por um Estado pela prática de ato atentatório ao Direito Internacional que afete outro Estado. (MAZZUOLI, 2018, p. 184).

Trata-se do instituto que possibilita que a ordem seja mantida entre os entes com personalidade internacional, prevenção a reparação dos danos causados pelo descumprimento ou inobservância das normas de direito internacional ou em razão de algumas condutas ilícitas.

O fundamento da responsabilidade está respaldado em observar as obrigações assumidas no âmbito internacional e a obrigação de não causar dano a outrem.

No caso da concessão da extradição, mediante assunção do compromisso pelo Estado Requerente perante o Estado Requerido no que diz respeito ao cumprimento da pena, caso haja descumprimento, é cabível a responsabilização internacional.

O ilícito perpetrado com a quebra do compromisso firmado, fere a soberania nacional do Estado Requerido que consiste, em síntese, no respeito aos seus nacionais, a defesa destes, com base na autonomia Estatal.

Em todas as pesquisas feitas, há de ser ponderado que não há recomendação expressa nesse sentido ou mesmo previsão legal. Contudo, as diretrizes do instituto da responsabilidade internacional, pode-se afirmar o cabimento para apurar a conduta ilícita e os danos causados.

Aprofundando a questão, mister registrar que, sendo firmado o compromisso entre Estado Requerente e Estado Requerido, se este for quebrado e a pena imposta for distinta daquela objeto da obrigação assumida, o maior lesado será o indivíduo que amargará as consequências da pena.

Em se tratando de aplicação de pena de morte no Estado Requerente, o descumprimento do compromisso assumido em caso de extradição com o Brasil, trará consequências irreversíveis, como a perda do bem jurídico mais relevante que é a vida. A gravidade do descumprimento do compromisso, portanto, gera dano que não será compensado com mera reparação ao ente.

O Estado que sofre a violação por outro Estado pode buscar essa reparação através de mecanismos internacionais de solução de controvérsias ou até mesmo da Organização das Nações Unidas - ONU, para a apuração da conduta ilícita e a consequente reparação.

Ademais, a responsabilização do ente Estatal que causar o dano tem a função de restabelecer a confiança entre os países envolvidos e evitar a ruptura das relações internacionais, preservando a harmonia da comunidade internacional.

# CONSIDERAÇÕES FINAIS

O trabalho teve por objetivo trazer questões importantes sobre a extradição e o descumprimento do compromisso assumido para aplicação da pena imposta pelo Estado Requerido e as consequências na sociedade internacional.

Com a crescente evolução dos países, as relações internacionais se multiplicaram e cada vez mais há a necessidade de manutenção e ampliação destas para o crescimento dos países. Essas relações se estreitam a cada dia e ampliam a cooperação internacional.

A cooperação internacional é um dos fatores mais importantes para a existência das relações internacionais, pois possibilita que os países possam contribuir entre si e oferecer solução para problemas fora de seus territórios.

Dentre as possibilidades de cooperação internacional, a extradição é a mais complexa, consistindo na entrega de um indivíduo acusado de ter cometido ilícito penal ou tenha sido condenado de um Estado a outro para que possa receber a punição adequada.

O Estado que faz o pedido de extradição tem o interesse em punir pela violação de leis ter ocorrido em seu território, reforçando a ideia de territorialidade, de jurisdição e de poder soberano.

Destarte, a extradição deve ser requerida, ou seja, não acontece de ofício. Um Estado pede a outro a entrega de indivíduo que deseja punir por ter descumprido as leis penais daquele lugar ou aplicar a pena pela condenação.

A extradição é assunto relevante de qualquer ângulo que se olhe, posto que envolve indivíduo acusado de praticar transgredir leis penais ou ter sido condenado e precisar responder por seus atos ou cumprir a pena imposta. Contudo, não é tão simples investigar ou punir quando o indivíduo estiver em território estrangeiro.

Os países, através da cooperação jurídica internacional, conseguem fazer com que esse indivíduo responda por seus atos, porém, deve seguir as regras impostas em tratado e em conjunto com o ordenamento jurídico interno de cada ente estatal.

Os fundamentos da extradição, como visto, podem ser tratados ou promessa de reciprocidade, sendo certo que, mesmo na existência dos dois, não há obrigatoriedade da concessão da extradição, isto é, da entrega do indivíduo para receber a punição pretendida pelo Estado Requerente.

No caso de pedido de extradição para o Brasil, que será denominado, Estado Requerido, existem algumas questões que devem ser observadas, tanto em razão da preservação da soberania nacional, quanto do ordenamento jurídico interno.

O processo de extradição é complexo, tem competência originária no Supremo Tribunal Federal que é a instância máxima no Brasil, e é regido pelos princípios da especialidade que delimita o pedido feito pelo Estado Requerente, fazendo com que somente o que for objeto do pleito será analisado e pelo princípio da identidade, que é ponto focal do trabalho.

Como visto no decorrer do estudo feito, o princípio da identidade ou dupla tipicidade é aquele que possibilitará, de fato, a concessão ou não da entrega do indivíduo através da extradição, porquanto promove uma espécie de check list que possibilita a abordagem de todos os pontos importantes para não ferir o ordenamento jurídico do Brasil. Vale lembrar que tal princípio pressupõe a semelhança dos ordenamentos jurídicos dos países Requerente e Requerido.

A análise desse princípio quando do recebimento do pedido de extradição é crucial para a concessão ou não, através dele a Corte Máxima poderá verificar se haverá divergência que impossibilitará a concessão do pedido de extradição. Assim, havendo divergência nos ordenamentos jurídicos envolvidos, não haverá a entrega do indivíduo.

Na legislação do Brasil, depois de verificado esse princípio, ainda há mais um passo a ser observado, que é o semelhança da pena aplicada nos países envolvidos (Estado Requerente e Estado Requerido), pelo que se as penas forem divergentes, não contempladas ou vedadas no sistema do Brasil, não haverá a entrega.

Entretanto, existe uma possibilidade de concessão da extradição quando as penas forem divergentes, o que consiste na assinatura de compromisso com o Brasil. O objetivo do trabalho foi justamente a análise do princípio da identidade e o descumprimento do compromisso e, via de consequência, da pena imposta.

A quebra do compromisso assumido representa verdadeiro desrespeito às normas internacionais existentes, gerando desconfiança para os demais atos de cooperação, além de afetar as relações internacionais entre os países e gerar desconforto na sociedade internacional de modo geral.

Podem haver consequências para o descumprimento do compromisso pelo Estado Requerente. Dentre elas, a responsabilidade internacional do país que descumpriu o compromisso mediante investigação e apuração pelos mecanismos internacionais competentes.

Essa responsabilização, no entanto, ocorre quando solicitada pelo país que se sente lesado. Não há proibição que uma investigação seja iniciada de ofício, não sendo o mais comum, nem a recomendação quando do estudo do instituto da responsabilidade no âmbito internacional.

Outra consequência é a ruptura das relações internacionais entre os países envolvidos, o que pode também afetar outros países com base na insegurança gerada pelo descumprimento de compromisso assumido e de normas de organização internacional. Essa possibilidade é mais comum do que a responsabilização internacional, posto que inexiste a obrigação de assumir o compromisso com o Brasil para a concessão da extradição, ou seja, se trata de ato voluntário, sem qualquer tipo de coação ou pressão e quando o país Requerente assume a aplicação da pena como deveria ser no Brasil o faz de forma livre, não havendo justificativa plausível apta para a quebra do encargo aceito.

Contudo, analisando as consequências para o Estado Requerente quando há a quebra do compromisso assumido, estas não são graves ao ponto de coibir o descumprimento da pena imposta pelo Estado Requerido - no caso o Brasil. Nessa senda, tem-se que as penalidades impostas não se prestam ao fim de evitar a quebra do compromisso, o que precisa ser urgentemente revisado na opinião da autora do trabalho.

Vale lembrar que as consequência para o indivíduo que se pretende punir com o pedido de extradição serão drásticas, em se tratando de pena de morte, cruel, perpétua ou corporal.

Ora, se o Brasil, depois de analisar o pedido de extradição o deferir mediante assinatura de compromisso pelo Estado Requerente e houver o descumprimento a aplicação da pena será algo irreversível para o indivíduo, situação que gera celeuma e retira a harmonia entre os entes estatais e os mecanismos internacionais envolvidos com essas questões como a Organização das Nações Unidas e a Corte Interamericana de Direitos Humanos.

No mesmo sentido, haverá violação da declaração universal dos direitos humanos, colocando em risco a atuação dos Entes Estatais perante à comunidade internacional.

Apesar da extradição ser matéria de cooperação internacional seu desfecho está diretamente ligado ao bem estar dos indivíduos que são entes importantes e reconhecidos na doutrina internacional, ainda que como fragmentários, o que não pode ser concebido como algo natural.

Portanto, o que se conclui do presente estudo é que a extradição é de suma importância para manter as boas relações internacionais entre os países que a compõem e seu processo, no Brasil, é efetivo e bem construído, de modo a preservar a sua ordem pública, a sua soberania nacional e a própria legislação interna, porém as consequências para os Estados Requerentes que descumprem o compromisso assumido com o Brasil não são efetivas, revelando a fragilidade do instituto neste mister.

# BIBLIOGRAFIA

ACCIOLY, Hildebrando; SILVA, Geraldo Eulálio do Nascimento. Manual de Direito Internacional Público. 15ª Ed. São Paulo: Saraiva, 2002.

AMARAL JÚNIOR, Alberto do. Introdução ao direito internacional público. 2ª Ed. São Paulo: Atlas: 2011.

BRASIL. Supremo Tribunal Federal. Publicações Temáticas. Disponível em: <http://www.stf.jus.br/portal/publicacaoTematica/verTema. asp?lei=1724#1726>. Acesso em 29/04/2021.

BREGALDA, Gustavo. Direito internacional público e direito internacional privado. São Paulo: Atlas, 2007.

Convenção de Viena sobre o Direito dos Tratados, de 23 de maio de 1969. Disponível em < http://www2.mre.gov.br/dai/dtrat.htm>. Acesso em 29/04/2021.

FRIEDRICH, Tatyana Scheila. As normas imperativas de Direito Internacional Público – Jus Cogens. 1ª Ed. Belo Horizonte; Editora Fórum; 2004.

GUERRA, Sidney. Direitos humanos: curso elementar. São Paulo: Saraiva, 2013.

MAZZUOLI. Valério de Oliveira. Curso de Direito Internacional Público. 12. ed., Rio de Janeiro: Forense, 2019.

MELLO, Celso D. Albuquerque. Curso de Direito Internacional público. 15ª Ed. Rio de Janeiro: Renovar, 2004.

MUZZI, Tácio. Os mecanismos de cooperação jurídica internacional na nova lei de migração: Extradição, transferência de execução da pena (TEP) e transferência de pessoas condenadas (TPC). Cooperação em Pauta: Informações sobre Cooperação Jurídica Internacional em matéria civil e penal, Brasília, n. 30, ago. 2017.

PEREIRA, Bruno Yepes. Curso de direito internacional público. São Paulo: Saraiva, 2006.

PERISSINOTTO, Renato. Comparação, história e interpretação Por uma ciência política histórica interpretativa. Revista Brasileira de Ciências Sociais, v. 28, nº 83, outubro 2013.

PIACENTINI DE ANDRADE, Isabela. RESPONSABILIDADE INTERNACIONAL DO ESTADO POR VIOLAÇÃO DO JUS COGENS. Revista Brasileira de Direito Internacional — RBDI, [S.l.], june 2007. ISSN 1980-2587. Disponível em: <https://revistas.ufpr.br/dint/article/view/8389>. Acesso em: 29 apr. 2021. doi:http://dx.doi.org/10.5380/rbdi.v5i5.8389.

PORTELA, Paulo Henrique Gonçalves. Direito Internacional Público e Privado: Incluindo Noções de Direitos Humanos e de Direito Comunitário. 10ª Ed. Editora Juspodivm, 2018.

RANGEL, Vicente Marotta. Direito e relações internacionais. 6ª Ed. São Paulo: Revista dos Tribunais, 2000.

REZEK. Francisco. Direito internacional público. 10ª Ed. São Paulo: Saraiva, 2006.

SAADI. Ricardo Andrade. CARTILHA COOPERAÇÃO JURÍDICA INTERNACIONAL EM MATÉRIA PENAL. Secretaria Geral de Justiça. 2014.

# A COOPERAÇÃO JURÍDICA INTERNACIONAL EM MATÉRIA PENAL E OS DIREITOS HUMANOS

Autora:

Márcia Maria Costa Azevedo

## ASPECTOS GERAIS SOBRE COOPERAÇÃO JURÍDICA INTERNACIONAL

De início, a cooperação internacional pode ser entendida, de forma sintética, como uma contribuição entre dois ou mais países com um objetivo comum de resolver conflitos de diversas naturezas como política, cultural, estratégica, humanitária, econômica, judicial, administrativa e jurídica.

Para isso, os países firmam tratados, acordos, convenções ou, simplesmente confiam na promessa ou no costume da reciprocidade entre si.

A cooperação tem natureza jurídica quando sua finalidade é o cumprimento ou a execução de decisão jurídica interna em outro país, assim como a execução de uma decisão estrangeira em âmbito interno, podendo gerar efeitos cíveis ou até mesmo não-jurídicos como, por exemplo, a solicitação da cooperação administrativa a órgãos investigatórios.

A cooperação jurídica se classifica em ativa e passiva. É denominada ativa quando o país requerente ou demandante da cooperação é o Brasil. Já a passiva, é quando o Brasil é demandado ou requerido para cooperar com outro país.

Outra classificação é em níveis, que varia do primeiro ao terceiro nível ou grau. A de primeiro grau, também chamada de assistência simples ou leve, refere-se ao auxílio de mero trâmite com as notificações e medidas-meio para obtenção de prova realizadas em outros países, tais como as perícias e as oitivas. Já a de segundo grau está ligada a medidas capazes de causar danos ao patrimônio, tais como os institutos dos embargos, das interdições e dos sequestros de bens. E a de terceiro grau são atos mais complexos relativos a medidas capazes de tolher direitos e liberdades como na extradição.

No caso do Brasil, a abordagem legislativa acerca da cooperação jurídica está esparsa, ou seja, existem normativos não reunidos em um código ou consolidação, estando separados ou dispersos, como aqueles elencados na Constituição Federal Brasileira (CF), na Lei de Introdução às Normas do Direito Brasileiro (LINDB), no Código de Processo Civil brasileiro (CPC), no Código de Processo Penal brasileiro (CPP), em resoluções do Superior Tribunal de Justiça (STJ) e no Regimento Interno do Supremo Tribunal Federal (STF).

# LEGISLAÇÃO CORRELATA

Pela internacionalização das relações sociais e, consequentemente, do ordenamento jurídico, o Brasil tem formalizado tratados e convenções internacionais buscando a resolução de conflitos internos e de conflitos transnacionais.

Além desses documentos formais, o Brasil pode ser influenciado por leis e por sentenças estrangeiras.

Há muitos princípios explícitos e implícitos que norteiam a atuação do Brasil nesse tipo de cooperação.

Segundo o Princípio da Extraterritorialidade, as regras da lei penal brasileira podem ser aplicadas a fatos delitivos ocorridos no exterior conforme o art. 7º, do Código Penal Brasileiro (CP), devendo ser atendidos alguns requisitos legais para tal.

Ressalta-se que, em observância deste princípio, a lei brasileira será aplicada, mas por um juízo ou tribunal estrangeiro em respeito à soberania dos outros países, afinal, a soberania é um dos fundamentos constitucionais da República conforme art. 1º, I, da CF.

O princípio predominante neste tipo de cooperação é o da reciprocidade pelo qual tais ações colaborativas teriam de ser realizadas da maneira mais ampla para incentivar a colaboração dos demais países e os eventuais limites devem ser vistos como exceção.

O princípio da confiança mútua está na crença do cumprimento de documentos formais, tais como tratados, acordos e convenções bem como na esperança de mera promessa de reciprocidade em prol da estabilidade e da previsibilidade das relações jurídicas.

O princípio da solidariedade pode ser entendido como o respeito estatal mútuo e obrigatório dos direitos, com prevalência dos direitos humanos, considerando a fraternidade universal, estando explícito como um dos objetivos fundamentais no art. 3º, I, da CF.

Já o princípio da eficiência exige que as condutas assistenciais sejam céleres, eficazes e seguras para garantir a máxima cooperação, a utilidade e a efetividade das decisões judiciais e do acesso à justiça.

Pelo princípio da especialidade, é necessária a restrição do país-requerente à finalidade justificante da solicitação, devendo ser definido ou delimitado o ato. Ressalva-se a hipótese na qual o país requerente receber autorização do país requerido para dar destinação diferente da solicitada. O mero descumprimento pelo requerente poderá obstar futuros pleitos de mútua cooperação.

Já pelo princípio da transparência, deve haver clareza nos atos solicitados bem como nas disposições legais e administrativas.

A tutela de direitos fundamentais, de direitos humanos é um tema atual, mas surgido desde o pós-Segunda Guerra Mundial (1939-1945) como normas de combate às atrocidades cometidas naquele período.

Na Carta Magna, as relações internacionais são regidas pela prevalência dos direitos humanos junto com a cooperação entre os povos para o progresso da humanidade (art. 4º, II e IX, CF).

O art. 13, da Lei de Introdução às Normas do Direito Brasileiro, dispõe que os fatos e atos ocorridos em outro país só terão efeito quando forem comprovados e, mesmo que estejam em conformidade com a lei local, devem os meios de prova serem permitidos pela lei pátria. Já em seu art. 17, lei, ato e sentença de país estrangeiro ou qualquer declaração de vontade não terão eficácia se ofenderem fatores como a soberania nacional, a ordem pública ou os bons costumes.

A Resolução 9 do STJ elenca hipóteses de sua competência, como as cartas rogatórias e a homologação de decisões estrangeiras, entre outras. Essa resolução entrou em vigor em 04 de maio de 2005, sendo, posteriormente, incorporada ao seu Regimento Interno. Trouxe mais segurança jurídica e assegurou o devido processo e o contraditório no que esteja na competência desta corte.

O Projeto de Lei nº 8.045/2010 (PLS nº 156/2009), que institui o novo CPP, é visto com um instrumento que, se aprovado, sanará a ausência de uma regulamentação específica interna, sendo uma proposta que trará o regramento da cooperação jurídica internacional em matéria penal, resolvendo a atual fragmentação e não-uniformidade da legislação brasileira sobre a temática.

O projeto supra aposta na aplicação do princípio da subsidiariedade, ou seja, o novo CPP regulamentará todas as atividades de cooperação jurídica internacional em âmbito penal, excetuado se houver previsão em legislação específica ou em tratados dos quais o Brasil seja signatário. Isso fará com que o novo CPP seja utilizado de forma subsidiária, sendo aplicado apenas quando tratados ou alguma legislação específica não determinar de modo diverso.

Ainda de acordo com tal projeto, havendo conflito entre os tratados internacionais e as disposições legais do novo CPP, aplicar-se-á o princípio da especialidade, isto é, prevalece a regra da norma especial.

O novo CPP trará expressamente o mencionado princípio da reciprocidade. E, em não havendo tratado, o pedido assistencial jurídico internacional será fundamentado no comprometimento em reciprocidade pelos países.

No Brasil, o Ministério da Justiça e Segurança Pública, através do Departamento de Recuperação de Ativos e Cooperação Jurídica Internacional da Secretaria Nacional de Justiça (DRCI/SENAJUS) é o órgão que atua como Autoridade Central quando se fala em cooperação jurídica internacional.

A autoridade central é a responsável pela celeridade e pela efetividade da intermediação e da coordenação da cooperação jurídica advinda de tratados internacionais.

Pedidos relativos ao cumprimento de atos de comunicação processual, atos investigatórios, atos instrutórios e quaisquer outras medidas constritivas como a carta rogatória, o auxílio direto, as oitivas e a quebra de sigilo, competem às autoridades públicas (autoridades judiciais, autoridades policiais, membros dos órgãos ministeriais, entre outras).

Também compete ao DRCI, atualmente, conforme dispõe o art. 14, IV, "b", do Decreto nº 9.662/2019, o trâmite das medidas de cunho compulsório relativos à extradição, à transferência de pessoas condenadas, à transferência de execução de pena, transferência de processo criminal e recuperação de ativos.

Excepcionalmente, os governos brasileiro e canadense adotaram como autoridade central a Procuradoria-Geral da República em virtude do Acordo de Assistência Jurídica Mútua em Matéria Penal conforme dispõe o art. 11 do Tratado de Assistência Mútua em Matéria Penal entre o Governo da República Federativa do Brasil e o Governo do Canadá, anexo ao Decreto nº 6.747/2009.

Outra exceção adotando a Procuradoria-Geral da República como autoridade central brasileira ocorre entre os governos brasileiro e português em consonância com o art. 14, item 4, do Tratado de Auxílio em Matéria Penal entre o Governo da República Federativa do Brasil e o Governo da República Portuguesa, anexo ao Decreto nº 1.320/1994.

A Procuradoria-Geral da República exerce essa função por meio da Secretaria de Cooperação Internacional (SCI).

Mas, além da atenção dada à eficácia assistencial, à soberania, à aplicação do direito interno e à ordem pública, os valores consagrados internacionalmente na cooperação jurídica estão centrados na garantia da universalidade dos direitos humanos.

# CONFLITO ENTRE COOPERAÇÃO JURÍDICA INTERNACIONAL E DIREITOS HUMANOS

Em 1948, as Nações Unidas trazem um importante marco em prol dos princípios universais, em especial, o da igualdade e o da liberdade, através da Declaração Universal dos Direitos Humanos, ressaltando que o ser humano nasce livre e igual em direitos e dignidade, sem que possam haver quaisquer distinções relativas à raça, a cor, a sexo, à religião, à origem, ou quaisquer outras. A Declaração expressa princípios tidos como universais, entre os quais a defesa da igualdade e da liberdade.

Por sua vez, no Direito Internacional Penal, o Tribunal Penal Internacional foi estabelecido pelo Estatuto, sendo órgão competente para os delitos que violem Direitos Difusos e Coletivos no plano internacional.

Desse modo, observa-se que a comunidade internacional vem em busca da conciliação dos direitos universais em qualquer relação.

Existem muitas modalidades de cooperação jurídica internacional em matéria penal, tais como a extradição, o pedido de homologação de sentença estrangeira, a carta rogatória, o auxílio direto, a transferência de execução de pena, entre outros.

Há alguns requisitos gerais para a cooperação jurídica internacional em matéria penal, a saber: delimitação do direito aplicável; definição do procedimento a ser adotado no atendimento solicitado; capacidade executória do pedido; existência de reciprocidade entre os países; necessidade de dupla incriminação do fato e contrariedade no ordenamento jurídico interno.

As maiores dificuldades em realizar a cooperação jurídica internacional ocorrem, em especial, pelos entraves legais bem como pelos procedimentos burocráticos entre as partes cooperantes, tornando-a muitas vezes ineficiente.

Como fator contributivo dessa dificuldade está a diversificação jurídica entre os países cooperantes como, por exemplo, no caso brasileiro em que a norma constitucional repudia a pena de morte.

Há uma certa dicotomia, ainda, entre a intensificação da cooperação na seara penal e a proteção dos direitos fundamentais, sendo vistos até como verdadeiros limites à cooperação.

# CONFLITO ENTRE ASILO, EXTRADIÇÃO E DIREITOS HUMANOS

O asilo, em apertada síntese, é uma autorização legal de entrada de alguém que foi obrigado a fugir para outro local em virtude de perseguições, intolerância ou guerras.

O asilo é um instituto já empregado pelos povos antigos, havendo menções de sua aplicação na Grécia Antiga, em Roma, no Egito, dentre outros, sendo marcado nessa época pela religiosidade, pois havia temor e respeito aos templos e divindades, transformando-os em locais sagrados, protegidos de perseguições e violências.

Com o advento das embaixadas, o asilo se afasta de seu caráter religioso e passa a ter caráter diplomático, com base na extraterritorialidade. O embaixador recebe, então, a prerrogativa de concessão de asilo nos limites de sua residência ou da embaixada.

Os ideais de liberdade e de direitos individuais da Revolução Francesa (1789-1799), trouxeram a aplicação do asilo a criminosos políticos e a extradição aos outros criminosos.

Mas, as relações estatais, a ampliação das mazelas sociais ligadas ao aumento populacional e ao aumento da criminalidade, exigem que haja maior cooperação universal em combate ao crime, sendo intolerável a proteção estatal a criminosos comuns estrangeiros, fazendo com que o asilo passe a ser um mecanismo internacional de proteção à perseguição de um indivíduo.

As modalidades de asilo são: o territorial, o político e o diplomático.

O asilo territorial ocorre quando o estrangeiro se desloca a território para o qual seu país exerce soberania para proteger sua vida ou sua liberdade que estão em grave risco em seu país de origem. A legislação interna versará sobre tal asilo que deve ser requerido, portanto, em algum local de jurisdição do Estado solicitado, sendo concedido pelo Chefe de Estado. É amplamente aceito por toda a comunidade internacional. No Brasil, o Decreto nº 55.929/65 promulgou a Convenção sobre Asilo Territorial. É um ato administrativo discricionário e não se aplicará a estrangeiros que sofram grave ameaça e tenham cometido crime comum, pois estes estão incursos nos princípios gerais do Direito Penal e teriam por objetivo se furtar à lei e à punição de seu país.

Quanto ao asilo político, é um dos princípios que regem as relações brasileiras internacionais, com previsão constitucional no art. 4º. Trata-se de um acolhimento estatal de estrangeiro perseguido noutro local em virtude de questões políticas ou opinativas ou, ainda, por atribuição de crime contra a segurança comum estatal.

Já o asilo diplomático é um tipo provisório e precário de asilo político, praticado mais na América Latina, sendo aí costumeiro e convencional. E, apesar de outros países, como os europeus, terem praticado o asilo diplomático esporadicamente, nunca o reconheceram como um instituto de Direito Internacional. Não tem natureza definitiva, posto que antecede o asilo territorial. Estados têm o direito de concessão desse tipo de asilo, não sendo obrigados a realizá-lo nem a apresentar motivação para sua negativa, sempre cabendo ao Estado julgar se é caso de urgência ou não. Pode ser concedido nas legações, nos navios, nas aeronaves e nos acampamentos militares e não implica, necessariamente, em asilo territorial. O Decreto nº 42.628/57 promulgou a Convenção sobre Asilo Diplomático no Brasil.

O asilado deve ter os mesmos direitos dos cidadãos nacionais assegurados a si pelo Estado acolhedor, podendo haver algumas limitações se o forem necessárias.

Outro instituto interessante na temática da cooperação é a extradição que, em resumo, é um ato de entrega estatal de um indivíduo a outro Estado que o reclama por ser competente para promover seu julgamento e aplicar sua punição, estando ele procurado pela Justiça por acusação de cometimento de crime ou para a execução da pena, quando já condenado. No Brasil, o conceito legal de extradição vem disposto no art. 81, da Lei nº 13.445/17, configurando medida de cooperação internacional entre o Brasil e o outro Estado pela qual se concede ou solicita a entrega de pessoa sobre quem recaia condenação criminal definitiva ou para fins de instrução de processo penal em curso. Sempre mediante via diplomática ou através das autoridades centrais que tenham tal competência.

De acordo com a terminologia empregada na extradição, extraditando é o estrangeiro em processo de extradição; Estado requente é aquele que solicita a extradição; e, Estado requerido é o que recebeu o pedido extraditório.

A extradição tem algumas modalidades, a saber: ativa e passiva; instrutória e executória. Será ativa quando o Brasil é solicitante da extradição e a passiva ocorre quando outro Estado requer ao Brasil a entrega de um foragido que esteja em território brasileiro. Já a instrutória, é quando o Estado busca realizar o julgamento do indivíduo e a executória busca o cumprimento da pena que foi cominada ao indivíduo.

Dos institutos ora analisados, verifica-se que inexiste conflito em virtude da observância de procedimentos próprios para acompanhamento e para autorização de atos ou quaisquer medidas estrangeiras em plano interno. Além disso, sempre são observadas a soberania dos Estados envolvidos.

A ditadura militar que ocorreu no Brasil a partir de 1964, instituiu normativos engessados que trouxeram consequências jurídicas com a verdadeira dissociação entre o indivíduo e o direito, protegendo bens jurídicos como a segurança nacional.

A Constituição Federal de 1988 inova com princípios e pressupostos democráticos, ligados à liberdade e às garantias asseguradas à pessoa individualmente e à coletividade, visando ao bem-comum, fato que lhe rendeu o nome de Constituição Cidadã. Nas relações internacionais, alia o pensamento liberal com as garantias democráticas.

Assim, os institutos analisados não podem ser vistos como conflituosos já que o Brasil é um Estado Democrático de Direito, que têm como direitos fundamentais a inviolabilidade do direito à vida, à liberdade, à igualdade e à segurança (art. 5º, caput, CF), visa proteger ao indivíduo, sendo assegurados a brasileiros e a estrangeiros, quer estejam de passagem ou permaneçam, devendo cooperar com aqueles que o procuram em períodos de perturbação e de perseguição.

# DIREITOS DOS MIGRANTES

No Brasil, a Lei nº 13.445/17, chamada "Lei de Migração", substituiu o Estatuto do Estrangeiro (Lei nº 6.815/80), trazendo algumas consideráveis mudanças e diferenças com a legislação substituta.

Trouxe algumas definições legais, tais como a de imigrante, emigrante, residente fronteiriço, visitante e apátrida.

Segundo o art. 1º, § 1º, III, da Lei de Migração, imigrante é um nacional de outro país ou apátrida que trabalha ou reside no Brasil e aqui se estabelece de forma temporária ou definitiva.

No plano internacional, não se verifica um conceito universal para o vocábulo migrante.

A Organização Internacional para as Migrações (OIM), tem uma definição mais ampla que a legislação interna em comento. Para ela, o migrante é qualquer pessoa que realiza mudança ou deslocamento por uma fronteira internacional ou internamente num Estado longe do seu local habitual de residência, sendo desconsideradas circunstâncias como o estatuto legal da pessoa, voluntariedade ou não, motivação da pessoa e duração da sua estadia.

Conforme, ainda, seu conceito legal, apátrida é a pessoa que nenhum Estado a considera como nacional em consonância com sua legislação interna e, em observância aos termos da Convenção sobre o Estatuto dos Apátridas (1954) ou que seja assim reconhecida pelo Brasil (art. 1º, § 1º, VI, da Lei supracitada).

Além de seu foco estar nos direitos e deveres do migrante e do visitante, a Lei de Migração regula, outrossim, a sua entrada e estada no Brasil e dispõe acerca de princípios e diretrizes de políticas públicas para o emigrante.

Dentre os avanços legislativos desta lei, destacam-se a regularização migratória, a emissão de visto humanitário, a criação de políticas públicas, a possiblidade de participação em protestos e em organização sindical (direito à mobilização) e a não extradição por crime político ou de opinião.

Quanto às diferenças fundamentais entre as duas legislações ora comparadas, estão em a Lei de Migração se voltar à pessoa já que o Estatuto do Estrangeiro tinha por focos questões militares, segurança e interesse nacional, reflexos da época de sua criação, em 1980, período da ditadura militar. Mas, não se pode negar que o referido Estatuto aboliu as barreiras legais que limitavam a liberdade dos imigrantes no Brasil até então. Apesar de ter ampliado essas liberdades, o revogado Estatuto apresentava conflitos com tratados internacionais de Direitos Humanos, dos quais o Brasil é um dos países signatários.

Aponta-se outras diferenças, a saber: na legislação revogada, o imigrante era concebido como alguém com menor importância em relação aos brasileiros e havia uma diferenciação de tratamento ao imigrante português fundamentado em valores linguísticos, étnicos e histórico-culturais; a legislação vigente tem apenas duas hipóteses de extradição do imigrante que se dá pelo cometimento de crime no país solicitante de sua extradição e, quando responder a processo investigatório ou tiver sua condenação em seu país.

A Lei de Migração, portanto, tem traços humanitários e se afasta das ideias conservadoras e nacionalistas do abolido estatuto. Busca, assim, assegurar ao imigrante direitos universalmente garantidos em consonância com a política adotada internacionalmente para a defesa dos Direitos Humanos, em especial, direitos individuais do cidadão.

O Brasil participou da Cúpula de Líderes sobre Refugiados em 2016 e lá se comprometeu humanitariamente em receber refugiados sírios e firmou o compromisso de realizar sua inclusão social através da assistência em programas sociais e de agências de fomento, em evidente atendimento ao disposto no art. 3º, da citada lei.

Pode-se entender por refugiado como o indivíduo que está fora do seu país de origem por fundados temores ligados a questões raciais, religiosas, de nacionalidade, de grupo social ou opinião política bem como por violação de direitos humanos grave e generalizada e por conflitos armados.

A proteção internacional aos refugiados é medida humanitária urgente já que essas pessoas necessitam de refúgio que assegure sua segurança e paz em outro lugar, dado o grave perigo de retornar ao país de origem sendo, portanto, imprescindível seu refúgio em outro lugar.

Não se pode confundir migrante com refugiado, pois a migração é voluntária e, em alguns casos, é temporária, enquanto o refugiado tem essa voluntariedade tolhida por temer por sua vida e segurança. Porém, há algumas similitudes entre os dois institutos, pois ambos têm por objeto a proteção da pessoa vítima de perseguições, a não-obrigatoriedade estatal em concedê-los por serem atos discricionários, não são direito individual do estrangeiro, não acarretam reciprocidade, protegerão o estrangeiro independente de sua nacionalidade e excluem a hipótese de extradição.

O migrante opta por se deslocar por múltiplos fatores como laboral, educacional, familiares, fuga de desastres naturais, dentre outras motivações de cunho pessoal ou circunstancial que não fazem dele uma pessoa refugiada para o Direito Internacional.

A comentada Cúpula Mundial sobre Refugiados se mostrou fracassada pelo fato de muitos discursos abordarem mais acerca da segurança de fronteiras e do combate à migração irregular do que sobre compromissos mundiais em apoio Estados que recebem inicialmente refugiados e combate às ameaças ao direito de refúgio. Isso é consequência direta da chamada crise migratória na Europa que influencia no controle do fluxo migratório.

Essa crise, juntamente com outras causas, tem gerado a mixofobia, que é o medo de se misturar com aquilo que é diferente. Isso acarreta propagação de discursos xenofóbicos, controle de imigração e violação de direitos fundamentais, levando os cidadãos nacionais a responsabilizarem os refugiados por provocarem sentimentos negativos de insegurança, ameaça e meros gastos sociais desnecessários na visão nacionalista e estereotipada deles. Tudo causa afastamento e segregação, pois as pessoas se negam a se aproximarem e a conviverem com quem não lhes seja um "igual". Então, surgem preocupações com fronteiras, delimitação de territórios e sanções que fazem um retrocesso na conquista dos direitos fundamentais.

Internacionalmente, há documentos da ONU acerca da proteção a migrantes e refugiados (Declaração Universal dos Direitos Humanos, Convenção das Nações Unidas relativa ao Estatuto dos Refugiados e Protocolo de 1967, Declaração de Nova York). Os signatários se comprometeram a lhes garantir os direitos fundamentais como o direito à vida, à liberdade, à igualdade, à educação, ao trabalho, ao acesso à saúde, à não discriminação e, no caso dos refugiados, à proibição de expulsão.

A receptividade ao migrante deve ganhar novas conotações para além da questão humanitária. Deve estar longe de preconceitos, afinal, a migração acaba trazendo uma troca enriquecedora aos países que os acolhem, devendo estes proporcionarem diálogos interculturais.

A comunidade internacional não pode ficar alheia às alterações substanciais da sociedade nem deixar de incentivar maior convivência entre os povos.

Ainda sobre o tema, ressalta-se, os erros e os acertos da recém ocorrida 9ª Cúpula das Américas, realizada em Los Angeles, Estados Unidos, que teve a crise migratória como um de seus principais temas. Os erros podem ser apontados pela exclusão de Cuba, Nicarágua e Venezuela, que são a origem da maioria dos migrantes irregulares que cruzam as fronteiras entre os Estados Unidos e México; preocupação excessiva em restringir a migração ilegal e, não abordagem do combate às razões do processo migratório em si. Já, dentre os acertos, estão a criação de opções da migração legal, fato que demonstra o pensamento colaborativo e conjunto para solucionar problemas decorrentes da migração numa tentativa de adoção de sistema migratório mais humano.

O controle e a regularização da migração não autorizada pelo continente americano e pelo compartilhamento de responsabilidade entre todos os países se destacam como objetivos da Declaração de Los Angeles, firmada na mencionada Cúpula. Foram traçadas metas, por exemplo, ajuda humanitária norte-americana aos refugiados e sos migrantes vulneráveis bem como o comprometimento de aceitação de refugiados, a promoção de trabalho temporário aos trabalhadores temporários haitianos e aos centro-americanos.

Apesar de a Declaração abordar o aumento dos vistos de trabalho para os migrantes, mostra-se insuficiente para abranger o grande quantitativo de migrantes ilegais e deixa de mencionar o destino dos filhos de imigrantes ilegais bem como dos migrantes latinos que receberam proteção temporária norte-americana. De toda forma, essa declaração é um avanço na abordagem da crise migratória no continente americano.

## POSSÍVEIS SOLUÇÕES

A cooperação jurídica internacional na esfera penal se mostra como um tema de extrema relevância para qualquer país por haver a necessidade de solicitação de assistência mútua no combate a crimes.

A superação das dificuldades apontadas neste tipo de cooperação pode ser obtida através de normativos com padrões universais em direitos humanos, com a consequente harmonização da legislação interna, com a harmonização de institutos como a soberania e a ordem pública, para garantia do seu dinamismo e da sua eficiência.

O antigo e fechado conceito de soberania resta inapropriado pela própria internacionalização do direito, pela rápida integração social através das novas tecnologias, pela interação social e pelo fato de o ser humano ter se tornado sujeito de direitos por meio da observância de preceitos universais como a paz e a tutela dos direitos humanos, afastando a absoluta liberdade estatal, amplamente abordados na Carta das Nações Unidas e na Declaração Universal dos Direitos Humanos.

Portanto, o fato de as autoridades nacionais observarem procedimentos próprios de acompanhamento e de autorização de atos ou quaisquer medidas estrangeiras em plano interno já demonstra que não há a subtração da autonomia nem da capacidade de autodeterminação que são os reais pilares da soberania.

Não se vislumbra afronta à ordem pública visto que quaisquer dos valores jurídicos, políticos, sociais, éticos e econômicos adotados pelos governantes e que venham a regulamentar a convivência social num país, sempre buscam respeitar o interesse coletivo bem como os direitos universais humanos.

Assim, a soberania e a ordem pública não podem limitar a cooperação jurídica internacional na seara penal em virtude da ordem mundial, dos valores de solidariedade, da confiança, da cooperação entre os Estados e do respeito aos direitos fundamentais, com a adequação da legislação interna para legitimar o padrão normativo universal de direitos humanos e afastar as possíveis pressões externas e os eventuais conflitos político- diplomáticos.

Deve haver, portanto, um equilíbrio entre o interesse estatal e o da coletividade na efetiva aplicação da lei penal e na segurança dos direitos fundamentais do acusado em conformidade com a dignidade da pessoa humana.

Relativamente aos refugiados, cabe aos Estados melhorar as suas condições em abrigá-los e realocá-los em cooperação com os Estados que os recebem inicialmente para que não sofram qualquer instabilidade socioeconômica por estarem lhes assegurando o direito de refúgio, não transferindo, assim, a responsabilização de problemas internos a quem só busca proteção.

# REFERÊNCIAS

BRASIL. Constituição da República Federativa do Brasil de 1988. Disponível em <http://www.planalto.gov.br/ccivil_03/constituicao/constituicao.htm>. Acesso em: 18 jun.2022.

BRASIL. Decreto nº 9.662, de 1º de janeiro de 2019. Aprova a Estrutura Regimental e o Quadro Demonstrativo dos Cargos em Comissão e das Funções de Confiança do Ministério da Justiça e Segurança Pública, remaneja cargos em comissão e funções de confiança e transforma cargos em comissão do Grupo-Direção e Assessoramento Superiores-DAS. Disponível em <http://www.planalto.gov.br/ccivil_03/_ato2019-2022/2019/decreto/D9662.htm>. Acesso em 18 jun.2022.

BRASIL. Decreto nº 6.747, de 22 de janeiro de 2009. Promulga o Tratado de Assistência Mútua em Matéria Penal entre o Governo da República Federativa do Brasil e o Governo do Canadá, celebrado em Brasília, em 27 de janeiro de 1995. Disponível em <http://www.planalto.gov.br/ccivil_03/_ato2007-2010/2009/decreto/d6747.htm#:~:text=Decreto%20n%C2%BA%206747&text=DECRETO%20N%C2%BA%206.747%2C%20DE%2022,27%20de%20janeiro%20de%201995>. Acesso em 18 jun.2022.

BRASIL. Decreto nº 1.320, de 30 de novembro de 1994. Promulga o Tratado de Auxílio Mútuo em Matéria Penal, entre o Governo da República Federativa do Brasil e o Governo da República Portuguesa, de 07.05.91. Disponível em <http://www.planalto.gov.br/ccivil_03/decreto/1990-1994/D1320.htm>. Acesso em: 18 jun.2022.

BRASIL. Decreto nº 42.628, de 13 de novembro de 1957. Promulga a Convenção sobre Asilo Diplomático, assinada em Caracas a 28 de março de 1954. Disponível em < http://www.planalto.gov.br/ccivil_03/decreto/1950-1969/

D42628.htm#:~:text=O%20asilo%20outorgado%20em%20 lega%C3%A7%C3%B5es,com%20as%20disposi%C3%A7%C3%B5es%20 desta%20Conven%C3%A7%C3%A3o.>. Acesso em: 19 jul.2022.

BRASIL. Decreto-Lei nº 2.848, de 07 de dezembro de 1940. Institui o Código Penal. Disponível em <http://www.planalto.gov.br/ccivil_03/decreto-lei/del2848compilado.htm>. Acesso em 18 jun.2022.

BRASIL. Decreto nº 55.929, de 19 de abril de 1965. Promulga a Convenção sobre Asilo Territorial. Disponível em <http://www.planalto.gov.br/ccivil_03/ decreto/1950-1969/d55929.htm>. Acesso em 18 jun.2022.

BRASIL. Lei nº 13.445, de 24 de maio de 2017. Institui a Lei de Migração. Disponível em <http://www.planalto.gov.br/ccivil_03/_ato2015-2018/2017/ lei/l13445.htm>. Acesso em 17 jul.2022.

_____. Carta das Nações Unidas. Disponível em < https://www.oas.org/ dil/port/1945%20Carta%20das%20Na%C3%A7%C3%B5es%20Unidas.pdf>. Acesso em: 18 jun.2022.

_____. Declaração Universal dos Direitos Humanos. Disponível em < https://desinstitute.org.br/noticias/declaracao-universal-dos-direitos-humanos-como-surgiu-e-o-que-defende/?gclid=EAIaIQobChMI6vbJ8Z-6-AIVsuBcCh1UmQvYEAAYAiAAEgLzX_D_BwE>. Acesso em: 18 jun.2022.

# O DIREITO PENAL NO CONTEXTO INTERNACIONAL: A NECESSÁRIA DISTINÇÃO ENTRE O DIREITO INTERNACIONAL PENAL E O DIREITO PENAL INTERNACIONAL

Autora:

Sarah Oliveira Cervantes

## INTRODUÇÃO

O Direito Penal é um ramo do direito de grande relevância para a manutenção e estabilidade das instituições, da sociedade e do próprio Estado em si, pois visa garantir a ordem e a segurança nas relações sociais e/ou institucionais, frequentemente ameaçadas por diversas ações criminosas que ocorrem tanto em âmbito puramente doméstico, respeitando integralmente as fronteiras e a jurisdição de um único Estado nacional, quanto em âmbito internacional e transfronteiriço, no qual estão presentes atores e/ou elementos que atraem o interesse, a competência e a necessidade de cooperação entre diversos Estados com o fim de serem solucionados.

O Direito Internacional, por sua vez, responsável pelo estudo das diferentes normas, princípios e costumes que coordenam as relações internacionais, sejam estas entre Estados e/ou entre indivíduos de diferentes nacionalidades, tem se aproximado e feito uso, cada vez mais, de princípios e instrumentos do Direito Penal, tendo em vista a constatação de que, algumas vezes, torna-se necessário recorrer a alguma força coercitiva legitimada a fim de fazer valer as suas normas, sob pena de quedar-se inócuo.

Percebe-se, portanto, uma crescente inter-relação entre esses dois ramos do Direito, de forma que um presta auxílio e se utiliza dos instrumentos fornecidos pelo outro para que se tornem cada vez mais eficazes nos objetivos que pretendem alcançar.

Diante desse cenário, optou-se, no presente artigo, por buscar um aprofundamento entre essas possíveis formas de inter-relação, que, dependendo do enfoque a ser adotado, poderá ser denominada de Direito Internacional Penal ou de Direito Penal Internacional, havendo substanciais diferenças entre as duas, apesar da semelhança de nomenclatura.

# OS ESTADOS E O DIREITO INTERNACIONAL

## O NASCIMENTO DO ESTADO E O CONCEITO DE SOBERANIA

A ideia de soberania, a princípio, pode se confundir com o próprio conceito de Estado, já que uma das características deste é o poder soberano, ou seja, aquele que não se subordina a nenhum outro. No entanto, é essencial fazer a distinção entre esses termos.

O Estado é considerado como a representação jurídica de uma sociedade organizada, possuindo três elementos constitutivos: povo, território e governo (Ferreira, 2020, p. 25).

A soberania, por sua vez, corresponderia ao poder conferido ao Estado para agir de forma independente e autônoma na consecução da sua finalidade, podendo se manifestar de forma interna, por meio do reconhecimento deste poder pelo próprio povo a ele submetido, quanto de forma externa, por meio do seu reconhecimento pelos demais Estados. Le Fur, apud Matias (2015, p. 67), conceituava a soberania como "a qualidade do Estado de não ser obrigado ou determinado senão pela sua própria vontade, nos limites do princípio supremo do Direito e conforme o fim coletivo que está chamado a realizar".

A soberania interna e externa estão, dessa forma, interconectadas e são interdependentes, de forma que não se pode concebê-la sem que a comunidade internacional a reconheça:

> (...) Mesmo que o Estado tenha acumulado poder suficiente para garantir a sua independência, essa só está realmente assegurada a partir do momento em que os demais Estados concordam em respeitá-la. Por isso, a soberania internacional seria, mais do que um poder, uma característica desse poder, devendo ser analisada como uma liberdade.
>
> (...)
>
> A soberania é então, ao mesmo tempo, um poder conquistado e exercido pelo Estado, e uma liberdade que lhe é reconhecida pelo direito internacional. (Matias, 2015, p. 120)

Além disso, é essencial ressaltar que o Estado moderno como o conhecemos hoje possui como grande marco inicial os tratados de Westfália, denotando, portanto, o papel essencial do direito e das relações internacionais no cenário de surgimento e reconhecimento da soberania estatal:

> *O nascimento desta entidade política (Estado) remete-se aos séculos XV e XVI, acompanhando o processo de decadência da Idade Média e suas formas organizacionais iniciado um pouco antes. A consolidação do chamado Estado Moderno, entretanto, somente se dará nos séculos XVII e XVIII, com a definição de seus principais pilares e características. Para as Relações Internacionais, o marco deste processo de ascensão e afirmação do Estado será o Tratado de Westfália, assinado em 1648 no encerramento da Guerra dos Trinta Anos, na qual estiveram envolvidos diversos Estados do continente europeu. Neste tratado, serão definidos como princípios básicos a soberania política dentro de um determinado território e o reconhecimento dos demais Estados para fazer valer esta soberania. Os Estados têm sua origem jurídica no direito internacional que lhes garante plena autonomia de ação e decisão. (Pecequilo, 2017, p. 44)*

Matias (2015, p. 112) esclarece que os Tratados de Westfália vieram dar aos Estados uma existência e uma igualdade de direito, consolidando uma situação fática já estabelecida:

> *A soberania surgiu, portanto, como um poder de dominação dos soberanos, o que fez com que ela se confundisse com o próprio titular do poder estatal. Pelo processo de concentração de poder, os Estados já haviam conquistado sua supremacia interna e as condições de sua independência externa. Os acontecimentos históricos haviam levado à ascensão de*

*soberanos que, na prática, eram independentes uns dos outros. O sistema internacional presenciou assim uma igualdade de fato – seus participantes eram todos do mesmo tipo – antes de presenciar uma igualdade de direito. O direito internacional viria a dar um significado jurídico a essa igualdade fática. Com os tratados de Westfália, a igualdade entre os Estados se consolida, já que até então estes não haviam concordado em respeitar mutuamente as suas independências. Com eles, a soberania passou a ser não apenas um poder, mas uma liberdade, um direito à supremacia e à independência reconhecido pela comunidade internacional.*

Ressalte-se, ainda, que a soberania assume papel de tal importância que é elencada como um dos fundamentos da República Federativa do Brasil no art. 1.º, I da Constituição Federal.

Dessa forma, percebemos que o conceito de soberania é essencial para caracterizar o próprio Estado e garantir o cumprimento de suas finalidades, sendo fundamental o reconhecimento interno e externo da soberania estatal, estando esses dois alcances intrinsicamente conectados para que se estabeleça a validade e efetividade da soberania:

*(...) tanto a soberania interna quanto a externa significariam a mesma coisa: que o Estado é o senhor dentro de seu território. A soberania externa não seria outra coisa senão a expressão, para os Estados estrangeiros, da soberania interna de um Estado. A soberania interna, por sua vez, não seria possível sem a soberania externa, já que um Estado que fosse subordinado a outro estrangeiro tampouco possuiria um poder supremo em seu interior. (Matias, 2015, p. 119)*

# A RELATIVIZAÇÃO DA SOBERANIA

Se por um lado a soberania corresponde à atuação do Estado desvinculada de quaisquer limites ou condicionamentos, encontrando o fundamento de seu poder na sua própria existência, por outro lado é imperioso reconhecer que, as cada vez mais frequentes interações entre os Estados representam, por si mesmo, limites à sua própria atuação.

Dessa forma, muitos autores têm desenvolvido a ideia de que a soberania não pode ser concebida de forma absoluta, mas apenas de forma relativa.

Primeiramente, é interessante observar como Georg Jellinek, apud Matias (2015, p. 63), desenvolveu a teoria da autolimitação do Estado a fim de tentar resguardar a ideia de soberania absoluta:

> *A autolimitação corresponde ao fato de obedecer somente às normas que ele mesmo se atribui. Logo, dizer que um Estado é autônomo equivaleria a afirmar que apenas são legalmente aplicáveis em relação a ele as regras e situações de direito a que consentiu. De acordo com essa teoria, os Estados, pelo bem comum, reconhecem que têm de concordar voluntariamente com uma limitação à sua soberania pela aceitação do direito internacional como regra obrigatória de conduta.*
>
> *Assim, para Jellinek, a soberania seria 'a propriedade do poder de um Estado, em virtude da qual corresponde exclusivamente a este a capacidade de determinar-se juridicamente e de obrigar-se a si mesmo.' Segundo ele, o poder jurídico exclusivo do Estado sobre sua competência é a consequência primordial da concepção de soberania e, no momento em que o Estado se impõe alguns limites, ele não perde a 'competência de sua competência', mas, ao contrário, manifesta por isso mesmo que a possui.*

Tal teoria, da autolimitação, perdeu força em favor da noção de uma soberania relativa, ou seja, naturalmente limitada, seja por fatores internos ou externos.

No âmbito interno podemos citar a necessária observância aos direitos fundamentais, ao próprio direito interno, ao fim coletivo a que o Estado se obrigada a realizar, às regras democráticas adotadas, dentre outras. Nesse contexto, é interessante observar o disposto no art. 3.º da Constituição Federal que, ao delimitar os objetivos fundamentais da República Federativa do Brasil, acaba por limitar a atuação estatal à perseguição, adoção e interpretação de suas normas conforme os objetivos ali instituídos:

Art. 3º Constituem objetivos fundamentais da República Federativa do Brasil:

I - construir uma sociedade livre, justa e solidária;

II - garantir o desenvolvimento nacional;

III - erradicar a pobreza e a marginalização e reduzir as desigualdades sociais e regionais;

IV - promover o bem de todos, sem preconceitos de origem, raça, sexo, cor, idade e quaisquer outras formas de discriminação.

Já com relação à limitação externa da soberania, esta encontraria limites nos tratados e costumes internacionais e nas múltiplas interações com os diversos Estados, sejam elas bilaterais, multilaterais ou regionais, com vistas à consecução de objetivos e interesses mútuos nas mais variadas áreas. A propósito, o art. 4.º da Constituição Federal de 1988 apresenta alguns princípios que servem como balizadores para essa atuação externa:

Art. 4º A República Federativa do Brasil rege-se nas suas relações internacionais pelos seguintes princípios:

I - independência nacional;

II - prevalência dos direitos humanos;

III - autodeterminação dos povos;

IV - não-intervenção;

V - igualdade entre os Estados;

VI - defesa da paz;

VII - solução pacífica dos conflitos;

VIII - repúdio ao terrorismo e ao racismo;

IX - cooperação entre os povos para o progresso da humanidade;

X - concessão de asilo político.

Nesse contexto, Matias (2015, p. 136) esclarece que é imprescindível não confundir soberania com autonomia, fazendo um comparativo entre as duas, de forma que a primeira representaria um poder de direito, de cunho mais teórico, enquanto a segunda representaria um poder real, fático, a que não se pode chegar de forma absoluta tendo em vista a interdependência entre as nações:

> (...) O poder estatal nunca foi absoluto e sempre esteve condicionado por razões políticas. Mesmo internamente, o poder pode precisar se tornar "flexível e conciliatório", tendo de lidar com diferentes grupos de interesse que o obrigam a discutir, a negociar, a ceder.
>
> Externamente, os fatos mostram que nem sempre a independência dos Estados é real. A sua autonomia, que pode ser entendida como "a liberdade para reger-se ou administrar-se por si mesmo com independência de influências externas",

*nem sempre foi respeitada, e nem mesmo o Estado mais*
*poderoso é completamente autônomo, totalmente livre de*
*influências exteriores a suas fronteiras.*

*Com base nisso, podemos diferenciar a soberania da*
*autonomia. Enquanto a primeira se referiria ao direito do*
*Estado de governar um determinado território, a segunda*
*denotaria o poder real que esse teria em atingir seus objetivos*
*políticos de forma independente. Logo, a autonomia seria*
*uma noção que traduziria a capacidade relativa de um*
*Estado de conduzir seus assuntos segundo suas necessidades*
*e aspirações, sem ceder às pressões políticas e econômicas*
*impostas pelo contexto internacional.*

*Historicamente, como nota Krasner, a autonomia da*
*autoridade interna sempre foi posta em xeque pela coerção ou*
*pela intervenção praticadas por Estados mais poderosos, ou*
*por contratos ou convenções que, mesmo que voluntariamente*
*aceitos por aquela autoridade, levariam autores externos a*
*influenciá-lo.*

*Logo nenhum Estado jamais teria sido realmente*
*autônomo, já que as nações sempre dependeram umas das*
*outras, fosse para obter recursos, fosse para garantir sua*
*segurança, comprometendo para tanto sua autonomia por*
*meio de alianças, tratados e instituições.*

*Podemos concluir, portanto, que à soberania de direito não*
*corresponde obrigatoriamente uma soberania de fato.*

Pelo exposto, fica claro que, ainda que a soberania tenha sido reconhecida inicialmente como um poder absoluto dos Estados, concedendo-se-lhes equivalência jurídica junto aos Tratados de Westfália, e desde então, se busca salvaguardar tal poder com a maior concentração possível, no campo fático, essa soberania sempre será relativa, e representará o poder do Estado decorrente de vários fatores, como capacidade econômica, diplomática, geográfica, climática, alimentícia, etc.

# O DIREITO INTERNACIONAL

Se no âmbito interno, o estado de natureza original descrito por Hobbes foi superado por meio da concentração do poder no Estado, no âmbito internacional, tendo em vista a igualdade de tratamento a que todos os Estados estariam submetidos, conforme Tratados de Westfália, aquele estado de natureza original acabaria prevalecendo:

> *O sistema internacional será formado por estes Estados soberanos, que se relacionarão entre si tendo como sustentáculo esta autonomia e identidade própria, inexistindo qualquer outro agente que possa a eles se impor. O Estado é reconhecido como soberano, único e autônomo no cenário, sendo impossível que se estabeleça qualquer autoridade superior a sua razão e existência. Ou seja, diferentemente do pacto interno, onde existe a transferência de soberanias, no mundo externo as soberanias já se encontram estabelecidas e não mais poderiam ser transferidas, prevalecendo o Estado de Natureza original. (Pecequilo, 2017, p. 191)*

Daí, portanto, a necessidade do Direito Internacional, para regulamentar os limites de atuação dos Estados no âmbito externo, a fim de que normatize as diversas interações internacionais, e ainda, procure promover o incentivo à manutenção do estado de igualdade fática entre os Estados, bem como entre indivíduos de diferentes nacionalidades.

Sendo muito vasto o campo de atuação do Direito Internacional, convencionou-se subdividi-lo em Direito Internacional Público e Direito Internacional Privado.

# O DIREITO INTERNACIONAL PRIVADO

O Direito Internacional Privado recebe muitas críticas à sua nomenclatura. Isso porque ele se trata muito mais de um direito doméstico do que de um direito internacional, já que não busca tutelar relações jurídicas entre Estados, mas tem como foco principal resolver conflitos de jurisdição aplicáveis às relações jurídico-privadas, a fim de definir qual será o direito aplicável. Segundo Malheiro, in Melo (2017, p. 111), o Direito Internacional Privado consiste em um direito eminentemente nacional, uma vez que "cuida de casos e soluções no âmbito internacional, tendo por base a legislação nacional em que há elementos de estraneidade, pois coordena relações de direito civil e criminal no território de um Estado estrangeiro".

Trata-se, portanto, de um direito muito mais processual do que material. Ele não se presta, dessa forma, a definir direitos e obrigações, mas uma vez ocorrido o fato jurídico com algum elemento de estraneidade, será por meio do Direito Internacional Privado que se chegará às soluções processuais adequadas a fim de firmar e auxiliar a jurisdição competente a "dizer o direito". Por isso, diz-se que é o Direito Internacional Privado é um "direito sobre o direito", também chamado de sobredireito.

Por esse motivo, as suas principais fontes são primeiramente a lei (nacional), a doutrina e a jurisprudência, nada obstante também fazerem uso dos tratados, acordos e convenções, especialmente, e com maior frequência, os bilaterais.

*A origem das normas é uma das diferenças substanciais entre o Direito Internacional Público e o Direito Internacional Privado (...). O primeiro decorre de normas multilaterais como Tratados e Convenções, e o segundo de normas internas, elaboradas por um único Estado. Daí derivam algumas críticas doutrinárias quanto à denominação deste ramo de estudo, alguns autores entendem que não deveria ser chamado de "direito internacional" uma vez que é composto por regras internas e se destinam a regulação de interesses de pessoas privadas. Todavia, o seu caráter internacional está ligado ao seu objeto, relações com conexão internacional, e não necessariamente à origem de suas normas. É, para alguns autores, a dimensão universal ou universalista do direito interno. (Melo, 2017, p. 112)*

Outra crítica à sua nomenclatura refere-se ao seu caráter privado, já que, além das normas de direito civil também regulamenta questões de ordem eminentemente pública, como as relacionadas ao direito processual, fiscal, monetário, financeiro, administrativo e penal. Daí porque Dolinger e Tiburcio (2020, p. 36) esclarecem que o "privado" não está em relação à norma, mas ao sujeito interessado na escolha da lei, sendo este sempre privado.

Por fim, optamos por transcrever a definição de Direito Internacional Privado trazida por Araújo (2016, p. 45), que consolida bem os contornos desta disciplina:

*Disciplina jurídica autônoma, sua denominação, apesar de imperfeita, está consagrada. Não é internacional, nem privado, pois é ramo do direito público interno. Suas regras determinam quando o direito estrangeiro será aplicável dentro do território nacional. Os manuais da disciplina sempre se preocupam em delimitar o seu âmbito de aplicação, pois o conflito de leis não é o único tema estudado.*

*Seu ensino na América Latina foi fortemente influenciado pela escola francesa – questões relativas à nacionalidade e à condição jurídica do estrangeiro ainda fazem parte de vários currículos –, mas este trabalho filia-se à corrente anglo-saxônica, que procura responder a três perguntas nucleares da disciplina:*

*1) em que local acionar (...) também chamada de conflito de jurisdição;*

*2) qual a lei aplicável – a utilização do método conflitual e suas regras, bem como as novas tendências da disciplina; e*

*3) como executar atos e decisões estrangeiras – a cooperação inter-jurisdicional entre os Estados, especialmente nas questões relativas ao reconhecimento das decisões proferidas pela justiça estrangeira.*

# O DIREITO INTERNACIONAL PÚBLICO

O Direito Internacional Público, por sua vez, presta-se primordialmente a regulamentar as relações dos sujeitos detentores de personalidade internacional, como os Estados e Organismos Internacionais, embora também possa ter uma aplicação a indivíduos, de forma mais limitada, especialmente no campo dos Direitos Humanos.

Possui como fonte as normas supranacionais, como os Tratados e Convenções e baseia-se no consentimento, já que, todos os Estados são soberanos, nenhum outro Estado ou organização poderia obrigar ou exercer jurisdição sobre qualquer um deles. É essa a ênfase que Rezek (2011, p. 28) dá ao Direito Internacional Público:

*Sistema jurídico autônomo, onde se ordenam as relações entre Estados soberanos, o direito internacional público – ou direito das gentes, no sentido de direito das nações ou dos povos – repousa sobre o consentimento. As comunidades nacionais e, acaso, ao sabor da história, conjuntos ou frações de tais comunidades propendem, naturalmente, à autodeterminação, à regência de seu próprio destino. Organizam-se, tão cedo quanto podem, sob a forma de Estados independentes, e ingressam numa comunidade internacional carente de estrutura centralizada. Tais as circunstâncias, é compreensível que os Estados não se subordinem senão ao direito que livremente reconheceram ou construíram.*

Ainda discorrendo sobre a necessidade de aquiescência para o estabelecimento de regulamentação e jurisdição sobre os Estados, Rezek (2011, p. 26) explica que enquanto as sociedades nacionais que se organizaram como Estados possuem dirigentes superiores e formas de imposição da ordem jurídica, no âmbito internacional, não existe alguém que exerce o papel de dirigente maior ou quaisquer deveres de submissão, de que forma as Nações se organizam de forma horizontal e consentem em agir conforme preceitos jurídicos com os quais tenham anuído.

É importante salientar, portanto, que enquanto as relações entre o Estado e os particulares é marcada por uma ordem jurídica interna decorrente do conceito de subordinação, este não se encontra presente na ordem internacional, onde prevalece a coordenação, como uma ideia que permite a coexistência pacífica de várias soberanias.

Desta forma, se no âmbito estatal interno todos estamos submetidos a uma jurisdição, incluindo o próprio Estado, que poderá ser demandado em juízo ou compelido a cumprir suas obrigações diante de seu povo, na esfera internacional, o Estado não se sujeita a qualquer jurisdição anterior e preexistente, mas somente àquela com a qual tenha manifestado expressamente a sua aquiescência.

# O DIREITO PENAL E SUA CONEXÃO COM O DIREITO INTERNACIONAL

## O DIREITO PENAL

O Direito Penal é o conjunto de normas que define as condutas criminosas e estabelece as sanções para as práticas dessas condutas, estabelecendo os limites do poder punitivo do Estado, quando da sua tarefa de tutelar bens jurídicos relevantes, em face de ofensas concretas, graves, intoleráveis e transcendentais, por meio de penas ou medidas de segurança, sempre que outros meios à disposição do Estado não sejam suficientes (Bianchini et. al, 2016, p. 5).

Sendo, portanto, o ramo do Direito voltado à garantia da paz e da segurança, o que se pode conceber tanto interna quanto externamente, o Direito Penal se vincula à própria razão de existir do Estado. O comprometimento com o atingimento das finalidades do Estado é, de tal forma limitador e orientador da sua atuação, que tem sido cogitado como mais um elemento integrador do conceito de Estado, denominado elemento teleológico, além dos três principais já citados: povo, território e governo. (Friede, 2022, p. 3)

Matias (2015, p. 103) discorre sobre a inter-relação da garantia à segurança com os objetivos do Estado:

> *O objetivo primordial do Estado, como vimos, é o de assegurar a segurança dos indivíduos e garantir a paz pública. Para tanto, ele possui o monopólio do exercício da força, ou da violência legítima.*

*Convém observar que, além de garantir a proteção do indivíduo contra agressões cometidas por outros indivíduos em seu território, os Estados servem também de abrigo contra agressões externas. (...)*

*Além disso, o Estado evoluiu de forma que a defesa das liberdades fundamentais do indivíduo se tornou uma das suas missões essenciais.*

Nesse contexto, não se pode desvincular o direito à segurança e à defesa das liberdades com o acesso à justiça e o dever jurisdicional do Estado:

*Se garantir a segurança e a liberdade dos indivíduos pode ser visto como a função principal do Estado, a justiça sempre foi considerada inseparável dessa missão. Ao assegurar o bom funcionamento da justiça, o Estado de certa forma assegura a paz e a segurança individual, visto que as pessoas podem contar com um órgão impessoal que decida e puna em caso de violação das leis e dos direitos de cada indivíduo. (Matias, 2015, p. 105)*

Desta forma, fica claro que o Direito Penal exerce um grande papel na própria razão de existir do Estado, e se existem correntes que defendem menor participação do Estado nas diversas relações sociais, sejam civis, comerciais, trabalhistas, etc. na área penal tal pensamento é drasticamente reduzido, uma vez que foi atribuído ao Estado o monopólio do uso da força legítima, a fim de se evitar o exercício arbitrário das próprias razões e, portanto, o retorno da civilização ao estado de barbárie.

Tal necessidade, de regulamentação de ações ilícitas e de legitimidade de uso da força para coibi-las, é evidente tanto no âmbito interno dos Estados, quanto nas suas relações internacionais, seja entre indivíduos de diferentes nacionalidades, seja entre os próprios Estados.

Quanto a estes últimos, Rezek (2011, p. 28) vem expor que, apesar da possibilidade dos Estados nacionais serem submetidos a sanções, é muito difícil atingir um ideal de igualdade fática entre estes que realmente lhes permita a submissão a um modelo de justiça como a conhecemos no âmbito interno:

> *Frente aos ilícitos em que Estado acaso incorra, não é exato supor que inexista no direito internacional um sistema de sanções, em razão da falta de autoridade central provida de força física. Tudo quanto é certo é que, neste domínio, o sistema de sanções é ainda mais precário e deficiente que no interior da maioria dos países. A igualdade soberana entre todos os Estados é um postulado jurídico que concorre, segundo notória reflexão de Paul Reuter, com sua desigualdade de fato: dificilmente se poderiam aplicar, hoje, sanções a qualquer daqueles cinco Estados que detêm o poder de veto no Conselho de Segurança da ONU.*

Assim sendo, como já se explicou que existem dois grandes ramos de estudo do direito internacional, subdividido em direito internacional público e direito internacional privado, também o direito penal, de acordo com os sujeitos, objetos tutelados e sua repercussão no âmbito internacional, passará a ser estudado conforme esses diferentes enfoques, ficando dividido em: 1) direito internacional penal, sob a tutela do direito internacional público, e em 2) direito penal internacional, sob a ótica do direito penal internacional.

## CRIMES INTERNACIONAIS E CRIMES TRANSNACIONAIS

Em primeiro lugar, a fim de compreender o papel do Direito Penal no âmbito internacional, buscaremos estabelecer as principais diferenças entre crimes internacionais e crimes transnacionais, transfronteiriços, ou de transcendência internacional.

Os crimes internacionais são aqueles indicados em tratados internacionais em que os múltiplos países participantes concordaram com o dever de coibir e punir tal ilícito como um crime internacional. Podemos citar os crimes definidos no Estatuto de Roma, sob a competência e jurisdição do Tribunal Penal Internacional, conforme art. 5.º daquele tratado: genocídio, crimes contra a humanidade, crimes de guerra e crime de agressão.

Bantekas e Nash (2003, p. 74) indicam que um crime adquire o caráter de internacional se emanar de um tratado ou costume internacional:

> An international offense is any act entailing the criminal liability of the perpetrator, and emanating from treaty or custom. The heinous nature of an act, such as the extermination of an identified group, is not the sole determinant for elevating such behavior to the status of an international offense (...). Simply put, the establishment of international offenses is the direct result of interstate consensus, (...).
>
> The legal basis for considering an offense to be of international import is where existing treaties or custom consider the act as being an international crime.

Os crimes transnacionais, por sua vez, são aqueles com punibilidade prevista no âmbito doméstico de um Estado nacional, mas que, ao serem praticados, apresentam elementos de estraneidade que acabam por demandar análises referentes a conflitos de jurisdições internacionais, definição de nacionalidade dos envolvidos, cooperações administrativas ou judiciárias necessárias à persecutio criminis ou à execução da pena, dentre outras. Ou seja, eles atraem a aplicação de lei estrangeira ou, ainda, produzem efeitos jurídicos em mais de um Estado.

Werle (2011, pp. 99-102) os nomeia também como crimes de transcendência internacional e os descreve da seguinte forma:

> *(...) La base para la persecución y sanción de estos crímenes de transcendencia internacional, no es, por tanto, el derecho internacional, sino las normas estatales de ejecución. En estos casos se puede a lo sumo hablar de una penalidad indirecta conforme al derecho internacional, a través del ordenamiento jurídico interno del Estado.*
>
> *(...)*
>
> *La relación con la comunidad internacional, que da a los crímenes el carácter de internacionalmente transcendentes y hace de su castigo una cuestión que atañe a la comunidad internacional, surge o bien a partir del ataque a intereses "internacionales", o bien porque la manifestación transfronteriza del crimen hace aparecer como necesario o, en todo caso, apropiada una acción interestatal coordinada.*

## A DISTINÇÃO ENTRE DIREITO INTERNACIONAL PENAL E DIREITO PENAL INTERNACIONAL

Em primeiro lugar, é preciso destacar que a distinção principal entre as formas de correlação do Direito Penal com o Direito Internacional não é um consenso entre os estudiosos desse assunto, de forma que se pode encontrar, na doutrina, diversos livros e artigos utilizando-se da terminologia Direito Internacional Penal e/ou Direito Penal Internacional praticamente como sinônimos, sem estabelecer qualquer distinção entre os termos, e referindo-se, geralmente, tanto num como em outro caso, ao ramo do Direito que estuda os chamados crimes internacionais, ou seja, aqueles definidos como tais em tratados internacionais.

No entanto, buscamos defender, no presente artigo, que tal distinção é essencial, uma vez que os referidos termos referem-se, na verdade, a objetos de estudo distintos, apesar da semelhança na nomenclatura.

Sendo assim, uma vez já abordadas as distinções entre crimes internacionais e crimes transnacionais, passaremos, agora, à diferenciação básica entre o Direito Internacional Penal e o Direito Penal Internacional, relembrando, ainda, as diferenças já apontadas entre o Direito Internacional Público e o Direito Internacional Privado.

A esse respeito, Silva (2013) nos permite ter uma boa visão sobre o início dessas distinções:

> De acordo com o espanhol Antonio Quintano RIPOLLÉS (1955, p. 20), o primeiro a separar de um lado o Direito Penal Internacional e de outro o Direito Internacional Penal foi o penalista italiano Constantino Jannacone. No Direito Penal Internacional compreender-se-iam as infrações previstas e apenadas nos ordenamentos jurídicos internos, enquanto no Direito Internacional Penal estariam abrangidas as infrações de estrutura puramente internacional.
>
> No entanto, foi o próprio Quintano RIPOLLÉS (1955, p. 20) que desenvolveu e caracterizou com maior profundidade tal distinção no seu famoso Tratado de Derecho Penal Internacional e Internacional Penal. No Direito Penal Internacional a titularidade seria do Estado, enquanto que, no internacional penal, seria da sociedade internacional.

Por outro lado, Claude Lombois, apud Silva (2013), não concorda com as ramificações ocorridas no estudo do Direito Penal Internacional, dividindo-o em Direito Internacional Penal e o Direito Penal Internacional, de forma que, para ele, deve prevalecer apenas um Direito Penal Internacional, pois apesar de abranger duas áreas diferentes – uma destinada à aplicação do direito penal de origem internacional e outra relacionada à aplicação do direito penal interno em âmbito global – estas seriam relacionadas entre si e, portanto, deveriam receber a denominação genérica de Direito Penal Internacional.

Tal posicionamento, no entanto, é minoritário, sendo crescente a adesão doutrinária à distinção representada pelas nomenclaturas Direito Internacional Penal e Direito Penal Internacional em razão da diversidade do objeto de estudo de cada uma, como se demonstrará a seguir.

## O DIREITO INTERNACIONAL PENAL: RAMO DO DIREITO INTERNACIONAL PÚBLICO

O Direito Internacional Penal situa-se dentro do ramo de atuação do Direito Internacional Público e discorre sobre o tratamento dado aos chamados crimes internacionais definidos em tratados internacionais.

Cassese (2003, pp. 15 e 16) enumera as seguintes características do Direito Internacional Penal:

> *International criminal law is a body of international rules designed both to prescribe international crimes and to impose upon States the obligation to prosecute and punish at least some of those crimes. It also regulates international proceedings for prosecuting and trying person accused of such crimes.*
>
> *(...)*
>
> *International criminal law is a branch of public international law. The rules making up this body of law*

*emanate from sources of international law (treaties, customary*
*law, etc.).*

O Direito Internacional Penal buscou ocupar-se das violações que constituem sérias ameaças à paz, à segurança e ao bem-estar da humanidade, reconhecendo que a preocupação na repressão e punição dessas condutas supera as competências territoriais de cada Estado, por se tratar da tutela de bens jurídicos supranacionais, de interesse, portanto, de toda a humanidade.

Sobre a formação histórica do Direito Internacional Penal, Silva (2013) nos explica que este não é um ramo jurídico tão recente:

> *É importante lembrar que o desenvolvimento do Direito Internacional Penal é resultado das suas bases costumeiras, e também de um arcabouço jurídico de mais de trezentos tratados considerados desde 1815. Estes tratados definem o que seja um crime internacional e colocam o dever dos Estados signatários a perseguir aqueles que feriram tais prescrições internacionais e puni-los ou extradita-los para outro Estado que esteja disposto a tal.*

Desta forma podemos dizer que os crimes internacionais são aqueles que derivam diretamente do ordenamento jurídico internacional, do qual abstrai-se a obrigação das jurisdições nacionais em julgar e punir determinadas condutas ilícitas, como decorrência de acordos ou costumes internacionais assumidos junto a outras nações.

No entanto, verificou-se, na prática, que apesar de vários Estados comprometerem-se a investigar e punir os crimes internacionais, muitos permaneciam impunes devido a diversos fatores, como corrupção, tráfico de influência, ineficiência do sistema jurídico e prisional, dentre outros.

Especialmente após diversas atrocidades praticadas nas Primeira e Segunda Guerras Mundiais, que configuraram graves descumprimentos aos costumes e tratados até então vigentes, bem como ao direito de guerra, compreendeu-se que não era possível deixar tais crimes a cargo somente dos Estados nacionais, uma vez que muitas vezes acabavam permanecendo impunes.

Nesse contexto acabaram sendo instituídos diversos tribunais ad hoc, como os Tribunais de Nuremberg, de Tóquio, de Ruanda e para a ex-Iugoslávia, até que, finalmente, em 2002, institui-se, de forma permanente, o Tribunal Penal Internacional, por meio do Tratado de Roma, que elencou os seguintes crimes internacionais sob sua competência (art. 5.º), de forma subsidiária: genocídio, contra a humanidade, crime de guerra e agressão.

Dessa forma, o Tratado de Roma representou um enorme avanço na área do Direito Internacional Penal, podendo-se destacar três grandes repercussões:

1) a superação do julgamento de crimes internacionais por tribunais de exceção, por um tribunal agora permanente;

2) a consagração e observação dos princípios da competência ratione temporis (art. 11), ne bis in idem (art. 20), nullum crimen sine lege (art. 22), nulla poena sine lege (art. 23), não retroatividade ratione personae (art. 24), além de outras regras que assuguram a higidez do processo penal internacional, permitindo ao réu o exercício do contraditório e da ampla defesa decorrente do conhecimento de regras preestabelecidas;

3) a submissão do agente criminoso à competência do Tribunal Penal Internacional no caso de omissão dos Estados em julgar os crimes internacionais descritos no art. 5.º do Tratado de Roma (competência subsidiária).

Quanto às fontes do Direito Internacional Penal, para Cassese, apud Silva (2013), essas fontes seriam: I) os estatutos das cortes e tribunais internacionais; II) outros tratados internacionais; III) direito consuetudinário; IV) princípios gerais do Direito Internacional Penal e princípios gerais do direito internacional; V) princípios gerais do direito penal reconhecidos pela comunidade das nações; VI) regulamentos e outras regras do direito internacional; VII) o papel das decisões judiciais e a opinião dos doutrinadores.

# O Direito Penal Internacional: ramo do Direito Internacional Privado

O Direito Penal Internacional, nos dizeres de Werle (2011, p. 103):

> (...) *forma parte del derecho penal de transcendencia internacional. Éste se entiende hoy predominantemente en un sentido amplio, comprendiendo todos los ámbitos del derecho penal, que muestran una relación con el extranjero. Bajo esta caracterización global se incluye, además del derecho penal internacional, el derecho penal supranacional, el derecho de la cooperación internacional en materia penal, así como las normas sobre la validez y ámbito de aplicación del derecho penal internacional.*

O Direito Penal Internacional, portanto, engloba as regras relacionadas à definição da jurisdição competente e elementos de conexão, os casos em que a legislação nacional poderá ser aplicada no estrangeiro ou vice-versa, bem como os instrumentos de cooperação internacional em matéria penal, sejam por meio jurídico ou administrativo.

No direito interno, podemos citar como instrumentos que fornecem regras que servem ao Direito Penal Internacional a Constituição Federal, o Código Penal, a Lei de Migração e a Lei de Introdução às Normas do Direito Brasileiro, tratando de diversos temas, como, por exemplo, a submissão do Brasil ao Tribunal Penal Internacional a que tenha manifestado adesão, a competência da União quanto às relações internacionais, requisitos para a extradição e a competência do Supremo Tribunal Federal para julgar a extradição solicitada por Estado estrangeiro, a competência do Superior Tribunal de Justiça para a homologação de sentenças estrangeiras e a concessão de exequatur às cartas rogatórias, a adoção da territorialidade como critério de competência jurisdicional em matéria penal, a indicação dos casos de extraterritorialidade que ficarão sujeitos à lei brasileira, embora cometidos no estrangeiro, a repercussão da pena cumprida no estrangeiro e a eficácia de sentença penal estrangeira, o procedimento para extradição, transferência de execução da pena e transferência de pessoa condenada, dentre outros.

Percebe-se, desta forma, porquê o Direito Penal Internacional possui grande lastro na legislação interna. No entanto, além dos exemplos citados que dependem de regulamentação doméstica para a definição de regras que envolvem possível aplicação da lei brasileira no exterior ou da lei estrangeira em território nacional, além das regras referentes à fixação da jurisdição ou de requisitos para cooperação entre diversas jurisdições, tem sido crescente o uso de tratados internacionais para regulamentar a cooperação jurídica e administrativa em matéria penal entre os Estados, tanto na forma bilateral, multilateral ou regional.

Essa cooperação tem sido a principal ferramenta de operacionalização do Direito Penal Internacional na tentativa de garantir a justiça e o cumprimento das leis penais nacionais ainda que extraterritorialmente.

Ela pode ser ativa ou passiva, se o Brasil solicita o pedido de cooperação, no primeiro caso, ou se recebe solicitação para esse fim, no segundo caso. A cooperação também pode ser processada judicialmente pelo STJ, para o processamento de cartas rogatórias ou concessão de "exequatur" às sentenças estrangeiras, ou administrativamente, por meio da Autoridade Central, que, no Brasil, pode ser: 1) o Ministério da Justiça (em regra geral), por meio do Departamento de Recuperação de Ativos e Cooperação Internacional (DRCI); 2) a Procuradoria da República, por meio da Secretaria de Cooperação Jurídica Internacional (SCI); 3) a Secretaria de Direitos Humanos por meio da Autoridade Central Administrativa Federal (ACAF); 4) Comissões Estaduais Judiciárias de Adoção (CEJAs).

Os acordos internacionais, no âmbito da cooperação internacional, têm facilitado muito o acesso a uma rápida solução da diligência solicitada, uma vez que são processados diretamente pela Autoridade Central. Caso não exista acordo, a cooperação se dá com promessa de reciprocidade, o que atrai necessariamente a análise diplomática, e, portanto, acaba prolongando o processo.

A propósito, podemos encontrar uma lista dos diversos acordos multilaterais e dos acordos bilaterais de que o Brasil faz parte junto ao sítio eletrônico do Ministério da Justiça e Segurança Pública.

Por fim, destacam-se como ferramentas de cooperação jurídica internacional em matéria penal a extradição, a entrega ao Tribunal Penal Internacional, a transferência de execução da pena, a transferência de pessoa condenada, a homologação de sentença penal estrangeira, a carta rogatória e o auxílio direto.

# CONCLUSÃO

O Direito Penal é um ramo de grande importância na configuração do Estado moderno, que possui como uma das suas finalidades garantir a segurança dos indivíduos, o que, diante de um cenário global e com frequente internacionalização das relações, tem se mostrado repleto de desafios daí decorrentes, fazendo com que seja necessário repensar a sua configuração original baseada na aplicação de um único ordenamento jurídico em uma mesma jurisdição para que seja possível encontrar soluções para situações que fogem ao âmbito interno dos Estados nacionais.

Dessa forma, têm-se desenvolvido diversos remédios jurídicos e administrativos com a finalidade de enfrentar esses problemas decorrentes da criminalidade que, de alguma forma, atinge interesses supranacionais ou demanda a cooperação de outros Estados para assegurar que tais ações criminosas não permaneçam impunes em decorrência das dificuldades que acompanham a internacionalização das suas ações ou das circunstâncias em que são praticadas.

Diante desse contexto, é essencial identificar e discriminar as ações desenvolvidas no âmbito do Direito Internacional Penal e do Direito Penal Internacional, que, apesar da semelhança de nomenclatura, possuem objetivos, fontes, sujeitos e abrangências diferentes, podendo-se dizer, em resumo, que o primeiro é integrante do ramo de Direito Internacional Público e tem como foco os chamados crimes internacionais, e o segundo faz parte do Direito Internacional Privado, e dedica-se ao combate aos chamados crimes transnacionais e à cooperação jurídica e administrativa internacional, em matéria penal, sendo, portanto, essencial que se faça a distinção entre esses dois ramos do direito.

# REFERÊNCIAS BIBLIOGRÁFICAS

ARAUJO, Nadia de. Direito Internacional Privado: Teoria e Prática Brasileira. 1. Ed. Porto Alegre : Revolução eBook, 2016.

BANTEKAS, Ilias e NASH, Susan. International Criminal Law. Second edition. Portland, Oregon, USA : Cavendish Publishing, 2003.

BIANCHINI, Alice; DAHER, Flávio; GOMES, Luiz Flávio. Curso de Direito Penal: Parte Geral arts. 1º a 120. 2. Ed. São Paulo : Editora JusPodivm, 2016.

BRASIL. Constituição da República Federativa do Brasil de 1988. Brasília, DF : Presidente da República, disponível em http://www.planalto.gov.br/ccivil_03/constituicao/constituicao.htm. Acesso em 17 jun. 2022.

CASSESE, Antonio. International Criminal Law. Great Britain : Oxford University Press, 2003

DOLINGER, Jacob e TIBURCIO, Carmem. Direito Internacional Privado. 15ª ed. Rio de Janeiro : Forense, 2020.

FERREIRA, Antônio Carlos Gomes. Direito Constitucional Brasileiro. São Paulo : Agbook, 2020.

FRIEDE, Roy Reis. Pressupostos (elementos) de existência dos Estados. Disponível em: < http://revistajustitia.com.br/artigos/za3x1z.pdf> Acesso em 18 jun. 2022.

MATIAS, Eduardo Felipe Pérez. A humanidade e suas fronteiras: do Estado soberano à sociedade global. São Paulo : Editora Paz e Terra Ltda, 2015.

MELO, Adryssa Diniz Ferreira de. Direito Internacional. Londrina : Editora e Distribuidora Nacional S.A., 2017.

PECEQUILO, Cristina Soreanu. Introdução às Relações Internacionais: temas, atores e visões. Petrópolis – RJ : Vozes, 2017.

REZEK, José Francisco. Direito Internacional Público: curso elementar. 13. ed. rev. aumen. e atual. São Paulo : Saraiva, 2011.

SILVA, Alexandre Pereira da. Direito Internacional Penal (Direito Penal Internacional?): Breve ensaio sobre a relevância e transnacionalidade da disciplina. Rev. Fac. Direito UFMG, Belo Horizonte, n. 62, pp. 53-83, jan/jun. 2013. Disponível em: <https://www.researchgate.net/publication/274113747_Direito_Internacional_Penal_Direito_Penal_Internacional_breve_ensaio_sobre_a_relevancia_e_transnacionalidade_da_disciplina> Acesso em 20 jun. 2022.

WERLE, Gerhard. Tratado de derecho penal internacional. 2. Ed. Valencia : Tirant lo blanch, 2011.

# O INSTITUTO DA TRANSFERÊNCIA DE PROCESSO PENAL INTERNACIONAL COMO MEIO DE COOPERAÇÃO JURÍDICA INTERNACIONAL

Autora:

Arinéia Barbosa de Macedo

## RESUMO

O tema proposto em tela apresenta um meio de cooperação jurídica internacional tradicional pouco conhecida. Como há países que não extraditam seus nacionais quando estes cometem crimes em outros Estados, a forma mais eficiente é o instrumento da transferência de processo penal internacional. O objetivo do artigo é conhecer o instituto da transferência de processo penal internacional que é uma maneira eficaz de combate ao crime e o melhor desenvolvimento da persecução penal, utilizando-se da pesquisa qualitativa referente aos conceitos de cooperação jurídica internacional e de transferência de processo penal internacional e exemplificando casos dessa modalidade de cooperação jurídica internacional. Por fim, a finalidade da transferência do processo penal internacional é buscar a melhor administração da justiça, centralizando processos penais que estejam em diferentes países, além de facilitar a justiça social e reunir interesses humanitários.

Palavras-chave: Cooperação jurídica internacional. Transferência de processo penal internacional. Convenção de Palermo

# INTRODUÇÃO

A globalização diminui distâncias, facilitou a comunicação e a interação entre as pessoas e países, mas também abriu espaço para o cometimento de crimes internacionais, principalmente de organização criminosa. Tendo em vista a ineficiência das cortes internacionais, os Estados se vêem na imposição de cooperar com outros signatários internacionais para que aqueles que cometem crimes em um Estado estrangeiro recebam a devida punição.

A cooperação jurídica internacional é uma forma de os Estados trabalharem em conjunto visando repreender a criminalidade e internamente guardar a ordem pública. Dentre as várias modalidades de cooperação jurídica internacional existe a transferência de processo penal internacional que tem como intenção a centralização dos procedimentos e investigações, além de vencer bloqueios postos em relação à persecução penal.

Assim, o presente trabalho versará sobre a transferência de processo penal como meio de cooperação jurídica no direito penal internacional, sendo um instituto novo e pouco conhecido. Tem como objetivo conhecer o instrumento da transferência penal internacional e como acontece na prática esse tipo de cooperação jurídica internacional.

No decorrer do trabalho serão realizadas considerações sobre a cooperação jurídica internacional e abordado de forma breve sobre o Projeto de Lei nº 11.234/2018 iniciado na Câmara dos Deputados com finalidade de se criar uma lei para regular sobre cooperação jurídica. Também será explanado sobre o instituto da transferência de processo penal e bem como, mostrar-se-ão exemplos de transferência de processo penal internacional envolvendo brasileiros. É um assunto muito interessante que pouco falado ou pode-se dizer inexistente, que busca a eficiência do procedimento criminal.

# CONSIDERAÇÕES SOBRE A COOPERAÇÃO JURÍDICA INTERNACIONAL

A globalização vem ganhando destaque nos últimos tempos. O conceito de globalização é explicado nas palavras de Castells (1999, p. 149)

> "O que é globalização? É um processo segundo o qual as atividades decisivas num âmbito de ação determinado (a economia, os meios de comunicação, a tecnologia, a gestão do ambiente e o crime organizado) funcionam como unidade em tempo real no conjunto do planeta".

Com a globalização tornou-se mais fácil a comunicação, as transações financeiras e comerciais e as relações com pessoas e países têm sido mais eficientes. No entanto, com a globalização, que facilita a vida das pessoas, também surgiu a criminalidade transnacional, a globalização do crime organizado, principalmente crimes de lavagem de dinheiro. Não há mais limites fronteiros para práticas de crimes.

Mesmo com a facilidade em decorrência da globalização, os países devem respeitar a soberania, resguardar a autonomia e rechaçar condutas ilícitas, criminosas. Nesse sentido, para que haja uma apuração, aplicação da lei penal e a realização da justiça criminal, há um mecanismo eficaz e de suma importância que é a cooperação jurídica internacional.

A cooperação jurídica internacional é uma ajuda, uma assistência jurídica na seara internacional, onde os Estados cooperam para colaborar no combate a crimes e apurar a verdade dos fatos de determinado ilícito transnacional.

Na cooperação jurídica é necessário vínculo da soberania e legalidade internacional, além das observações das leis de direito internacional e direito interno de cada Estado Parte cooperante. Lessa (2013, p. 51) ao conceituar a cooperação jurídica internacional em matéria penal assim diz:

> "O conjunto de atividades convergentes, realizadas pelas autoridades competentes de Estados distintos, destinados à apuração da autoria e da materialidade de ilícitos penais, à punição dos infratores e à prevenção do crime, executada com observância das normas de Direito Internacional e de Direito interno pertinentes".

Outro conceito de cooperação jurídica é definido por Cervini (2000, p. 51, citado por Bechara 2009, p. 32):

> "O conjunto de atividades processuais (cuja projeção não se esgota nas simples formas), regulares (normais), concretas e de diverso nível, cumpridas por órgãos jurisdicionais (competentes) em matéria penal, pertencentes a distintos Estados soberanos, que convergem (funcional e necessariamente) em nível internacional, na realização de um mesmo fim, que não é senão o desenvolvimento (preparação e consecução) de um processo (principal) da mesma natureza (penal), dentro de um estrito marco de garantias, conforme o diverso grau e projeção intrínseca do auxílio requerido".

Ressalte-se que a cooperação jurídica não é apenas judicial, mas também administrativo que gera efeitos jurídicos no campo de investigação. De acordo com Araújo (2014, p. 3) na cooperação jurídica internacional o Poder Judiciário suporta uma diminuição da sua jurisdição quando pede ao judiciário de outro Estado uma assistência nos casos que ultrapassem fronteiras.

Nesse sentido, pode-se dizer que a cooperação jurídica internacional é ativa ou passiva. É ativa quando um Estado solicita diligências, providências de outro Estado estrangeiro. Já a cooperação passiva ocorre quando o Estado é requisitado a agir, atuar; seja processando, transferindo condenados ou processos; seja para extraditar ou ceder sua jurisdição em benefício do Estado requerente.

A cooperação jurídica internacional também tem suas características. Uma delas e porque não dizer a principal, é a comunicação por meio de autoridades centrais. Esse tipo de modelo de comunicação foi aceita pela Conferência de Haia e em diversas convenções internacionais. No Brasil a autoridade central de comunicação em termo de cooperação jurídica é o Departamento de Recuperação de Ativos e Cooperação Jurídica Internacional – DRCI do Ministério da Justiça.

Outra característica de cooperação jurídica internacional é o processo de integração onde as decisões e atos são de formas simples e a normatização da matéria é em comum, procedimento esse adotado pela União Européia.

A cooperação jurídica internacional tem como natureza jurídica a solidariedade, em que pessoas têm um mesmo interesse em algo e demonstra atitude de uma pessoa em relação a outras quando há empenho num determinado assunto de interesse delas. A solidariedade constitui como um dos objetivos fundamentais da República Federativa do Brasil, previsto no artigo 3º, inciso I, da Constituição Federal; e a cooperação entre os povos para o progresso da humanidade como um dos princípios das relações internacionais, também previsto na CF em seu artigo 4º, inciso IX.

Por fim, o Código Modelo de Cooperação Interjurisdicional para Ibero – América, conjunto de normas que tem como finalidade a efetividade da tutela jurisdicional transnacional, em seu artigo 19 prevê as modalidades de cooperação em matéria penal:

> "Art. 19 mbito da cooperação interjurisdicional penal
>
> São modalidades de cooperação interjurisdicional em matéria penal:
>
> I – citação, intimação e notificação judicial;
>
> II – realização de provas e obtenção de informações;
>
> III – investigação conjunta;
>
> IV – comparecimento temporário de pessoas;
>
> V – transferência de processo e de execução penal;
>
> VI – eficácia e execução de decisão penal estrangeira;
>
> VII – extradição;
>
> VIII – medida judicial penal de urgência"

Dentre essas modalidades de cooperação jurídica internacional, o objeto de estudo desse trabalho e de explanação é a transferência de processo penal que é espécie de procedimento de cooperação jurídica internacional.

## Uma breve análise do Projeto de Lei nº 11.234/2018

Em 19 de dezembro de 2018 foi apresentado o Projeto de Lei nº 11.234/2018 pelo deputado federal Roberto de Lucena (Podemos) que "regula a cooperação jurídica internacional direta para tutela de urgência e o emprego de meios especiais de obtenção de prova, disciplina a transferência de processos penais". Ainda um outro Projeto de Lei nº 88/2019 foi apensado por se tratar da mesma matéria.

A justificativa do Projeto de Lei foi baseada no documento denominado "As novas medidas contra a corrupção", documento esse com 70 propostas para que a luta contra corrupção seja eficiente. Em continuação com a justificativa, foram apresentados vários pontos para aprovação do projeto, dentre eles referentes à transferência de processo penal, estudo desse trabalho: "Há, ainda, regras sobre a transferência de processos penais, com permissão expressa para aproveitamento e convalidação de atos processuais e probatórios praticados no exterior, sempre que respeitadas as garantias mínimas do processo penal, internacionalmente reconhecidas". (2018, p. 6). Por fim, encerrou a justificativa afirmando que o projeto era constitucional e traria modernidade quanto à investigação transnacional e daria mais eficiência à cooperação jurídica internacional.

Após trâmite, o referido Projeto de Lei foi rejeitado na Comissão de Relações Exteriores e de Defesa Nacional da Câmara dos Deputados, tendo como relator o deputado federal Heitor Freire. No caso, o relator entendeu que esse Projeto de Lei causaria conflitos entre o Brasil e outros Estados soberanos, principalmente com aqueles que já possuem acordos de cooperação jurídica em matéria penal. Além disso, diminuiria as atribuições já exercidas pelo Ministério da Justiça.

De fato, não há no Brasil uma norma geral de cooperação jurídica internacional, mas há diversos tratados internacionais sobre esse assunto que foram pactuados pelo Brasil. A cartilha cooperação jurídica internacional em matéria penal, elaborado pelo Ministério da Justiça, informa que a cooperação jurídica internacional é realizada pelos Estados através de acordos bilaterais e tratados regionais e multilaterais com promessa de reciprocidade. E ainda:

> "O Brasil é parte de uma ampla gama de acordos e tratados e também coopera mediante promessa de reciprocidade em casos análogos por parte do Estado estrangeiro. Por meio desses instrumentos internacionais, o Brasil não apenas adquire o direito de solicitar cooperação jurídica aos outros Estados

*Partes, como também se compromete a dar cumprimento aos pedidos que aqui aportem oriundos desses países. Cartilha cooperação jurídica internacional em matéria penal (2014, p. 8)".*

Lemos (2019, p. 55) ao tecer comentário sobre o Projeto de Lei nº 11.234/2018, diz o seguinte:

*"(...). A quantidade de acordos bilaterais e multilaterais firmados pelo Brasil indica a preocupação internacional e a tendência pela cooperação cada vez mais ampla entre as nações, notadamente com o objetivo de combater a criminalidade organizada transnacional, onde a lavagem de dinheiro é um de seus traços marcantes".*

Dessa forma, mesmo que haja uma proposta de aperfeiçoamento da cooperação jurídica internacional prevista no documento "novas medidas de combate a corrupção", haveria uma quebra dos acordos e obrigações firmados pelo Brasil com os países cooperados, gerando polêmica e sem significativa mudança no ordenamento jurídico.

# A TRANSFERÊNCIA DE PROCESSO PENAL INTERNACIONAL COMO MEIO DE COOPERAÇÃO JURÍDICA INTERNACIONAL

O instituto da transferência de processo penal é recente, pouco conhecido e divulgado e tem como base a Convenção Européia sobre Transferência de Processos em matéria penal estabelecida em Estrasburgo em 15/05/1972.

A transferência de processo penal tem como finalidade a centralização do processo em que uma pessoa esteja respondendo a vários processos em jurisdições diferentes. Soares (2016, p. 78) afirma que: "A centralização do processo ou da investigação ostenta verdadeiro caráter de conveniência à aplicação da lei, seja ela como garantia da persecução criminal e da eficácia da jurisdição, ou como preservação dos direitos inerentes ao suspeito e à vítima".

O conceito de transferência de processo penal é definido no Glossário do Manual de Cooperação Jurídica Internacional em Matéria Penal e Recuperação de Ativos (2019, p. 609):

> "Transferência de processo penal: Na transferência de processo penal, o ato de colaboração penal internacional consiste na aceitação de que o procedimento penal iniciado perante a justiça de um determinado país (Estado Requerente) possa continuar a tramitar, sem solução de continuidade, perante a justiça de outro (Estado Requerido). Na transferência de processo penal, os atos judiciais já praticados são convalidados, passando-se a observar, contudo, o disposto na legislação processual penal interna do Estado Requerido. A efetivação da transferência de processo penal pressupõe a existência de tratado bilateral ou multilateral."

É uma espécie de colaboração penal internacional. É um meio de cooperação jurídica internacional que tem os seguintes objetivos: impossibilidade de extradição, que nesse caso é utilizada de forma secundária; economia processual; facilitar a justiça social e concluir de forma mais rápida a instrução processual.

Um outro ponto muito interessante é delineado por Weber (2016, p. 31): "O instituto congrega, portanto, busca da melhor administração da justiça, em decorrência da possibilidade de reunião de feitos tramitando em Estados diferentes, bem como interesses humanitários, referentes ao envio do processo para o país na qual o acusado resida ou tenha família".

Vale destacar que o Código Modelo de Cooperação Interjurisdicional para Ibero-América em seu artigo 25 prevê os requisitos para transferência de processo penal nestes termos:

"Art. 25 Requisitos para a transferência do processo de conhecimento e de execução penal.

A competência penal para o processo de conhecimento e para o processo de execução, havendo consentimento do acusado ou do condenado, pode ser transferida a outro Estado, considerado requerido, se observada uma das seguintes condições:

I- possuir o acusado ou condenado residência no Estado requerido ou neste concentrar suas atividades econômicas;

II- haver aumento das possibilidades de reintegração social do acusado ou condenado, com a transferência para o Estado requerido;

III- encontra-se a pessoa a cumprir, no Estado requerido, outra pena privativa de liberdade por fato distinto do estabelecido na sentença cuja execução é ou poderá ser pedida;

IV- sendo o Estado requerido o de origem do acusado ou condenado e ter-se declarado disposto encarregar-se da execução;

V- não estar o Estado requerente em condições de executar a sanção, mesmo com recurso à extradição, possuindo-as, entretanto, o Estado requerido.

Parágrafo único. Ainda que se verifique uma das condições previstas nos incisos, I, III, IV e V, não haverá lugar à transferência para o Estado requerido se houver razões para crer que a mesma não favorece a reintegração social do acusado ou condenado".

Isso na verdade na é uma proposta que visa estruturar a cooperação interjurisdicional seguindo regras internacionais, onde se exige uma tutela judicial transnacional, assegurando os direitos e garantias do acusado.

Ressalte-se que não há no Brasil uma lei que trate sobre o tema transferência de processo penal, mas há os tratados e convenções firmados para combate de certos crimes específicos como a Convenção de Viena – artigo 8º do Decreto nº 154/91 (Convenção do contra o Tráfico Ilícito de Entorpecentes e Substâncias Psicotrópicas); a Convenção de Mérida – artigo 47 do Decreto nº 5.687/2006 (Convenção das Nações Unidas contra a Corrupção); e a Convenção de Palermo – artigo 21 do Decreto nº 5.015/2014 (Convenção das Nações Unidas contra o Crime Organizado Transnacional):

"**Convenção de Viena**

Artigo 8

Transferência dos Procedimentos Penais

As Partes considerarão a possibilidade de remeterem-se processos penais que dizem respeito aos delitos estabelecidos de acordo com o parágrafo 1 do Artigo 3, quando se estime que essa remissão será no interesse da correta administração da justiça.

**Convenção de Mérida**

Artigo 47

Enfraquecimento de ações penais

Os Estados Partes considerarão a possibilidade de enfraquecer ações penais para o indiciamento por um delito qualificado de acordo com a presente Convenção quando se estime que essa remissão redundará em benefício da devida administração da justiça, em particular nos casos nos quais intervenham várias jurisdições, com vistas a concentrar as atuações do processo.

**Convenção de Palermo**

Artigo 21

Transferência de processos penais

Os Estados Partes considerarão a possibilidade de transferirem mutuamente os processos relativos a uma infração prevista na presente Convenção, nos casos em que esta transferência seja considerada necessária no interesse da boa administração da justiça e, em especial, quando estejam envolvidas várias jurisdições, a fim de centralizar a instrução dos processos".

Em relação ao artigo 21 da Convenção de Palermo, a intenção da transferência de processo penal é a boa administração da justiça, já previsto no texto, principalmente quando há investigação em diversos países. Lessa (2013, p. 176) ensina que há quatro hipóteses nos ditames da convenção que dá ensejo a transferência:

"(...) A primeira consiste naquela que um Estado vê negado o pedido de extradição de réu em processo ou investigação criminal sob sua jurisdição. Nesse caso, por conveniência do Estado requerente, o processo criminal é transferido para o Estado requerido que têm a obrigação de adjudicar a ação penal em função do princípio dedere aut judicare. Para que se verifique essa hipótese, pelo menos os seguintes, requisitos devem estar presentes: o crime deve ter sido cometido no território do Estado requerente; o fato dever ser incriminado no Estado requerido; e, por óbvio, o Estado requerente deve se ver impedido de demandar judicialmente contra o requerido.

A segunda hipótese consiste no caso de estar o acusado a responder pelo mesmo fato em dois ou mais Estados. Trata-se, evidentemente, de uma duplicidade que viola os direitos humanos do acusado, e vai contra os mais básicos preceitos do Direito Penal, material ou processual. Assim, numa aplicação do ne bis in idem, um dos Estados abre mão de processar o acusado, sob a garantia de que o outro irá fazê-lo.

A terceira hipótese se verifica quando dois ou mais países com jurisdição concorrente, estão a investigar ou processar a mesma pessoa por fatos diversos, sendo que a prova produzida em um processo influi na de outro. É o caso de conexão probatória internacional, servindo a reunião dos feitos à instrução processual, de modo que todo o arcabouço produzido seja reunido em um único processo.

Na quarta hipótese, apesar de o crime ter produzido efeitos no território do Estado requerente, assim fixando a sua competência para demandar criminalmente contra o autor do ilícito, as principais provas da autoria e da materialidade delitiva se encontram no interior do Estado requerido. Assim, para que a instrução processual seja mais eficiente, impõe-se *que esta seja realizada por aquele. Logo, por uma questão de coerência e conveniência, tanto acusação, quando da defesa, se mostra recomendável que o Estado requerente solicite ao requerido a realização de todo o processo".*

Dessa forma, para que a transferência de processo penal seja de fato eficaz e cumpra com o seu objetivo, faz-se necessário obedecer a formalidades que segundo Soares (2016, p. 85):

*"A transferência de procedimentos criminais é um meio que subsidia a instrução processual ou a investigação criminal, de modo que deverá seguir um rito, incluindo nisso questões logísticas, linguísticas e procedimentais.*

*Para que as provas e elementos informativos advindos dessa forma de cooperação cheguem a atingir seus desideratos, é necessário que órgãos e pessoas tenham praticado atos administrativos ou judiciais a fim de garantir a lisura dos suportes documentais, a fidedignidade de traduções e a obediências aos prazos e normas".*

Assim, outra questão de suma importância é em relação à competência para processar e julgar a transferência de processos penais. A Constituição Federal em seu artigo 109, inciso V, confere competência à Justiça Federal, pois sendo meio de cooperação jurídica internacional, a transferência de processo penal envolve a pessoa jurídica de direito internacional da União.

Há ainda a questão da validade das provas realizadas no exterior. Como cada país tem seu sistema de produção de provas, pode ser que venha surgir incompatibilidades entre os Estados cooperados, como, por exemplo, a exigência de documentos autenticados. Com vistas à boa administração da justiça, a Organização das Nações Unidas no tratado modelo sobre transferência de procedimentos criminais da ONU prevê no artigo 4º que:

> "*A menos que as Partes decidam o contrário, uma solicitação para adoção de procedimentos e a documentação de suporte, bem como documentos e outro material fornecido em resposta a tal solicitação, sujeitos à lei nacional, não devem exigir certificação ou autenticação*".

Assim sendo, como a transferência de processo penal internacional reclama celeridade e a boa administração da justiça, a própria ONU, no sentido de viabilizar a transferência de processo penal e reparar as diferenças de sistemas de produção de provas, propõe a boa-fé entre os Estados e a confiança mútua.

# EXEMPLOS DE TRANSFERÊNCIAS DE PROCESSO PENAL INTERNACIONAL

A seguir analisaremos casos de pedidos de transferência de processo penal realizadas pela Procuradoria Geral da República:

**a) Nestor Cerveró – Operação lava jato:**

Nestor Cuñat Cerveró, nomeado como diretor internacional da Petrobrás no Governo Dilma Rousseff, foi exonerado do cargo após investigações da operação lava jato deflagrado pela Polícia Federal. Após trâmites legais, foi preso e condenado por corrupção passiva e lavagem de dinheiro, especificamente por ter negociado duas sondas perfuração da Samsung para Petrobrás sem licitação.

Em fevereiro de 2015, a própria Procuradoria de Berna/Suíça começou uma investigação focada em rastrear dinheiro de corrupção oriundo do Brasil. Com a quebra de sigilo bancário foi apurado que Nestor Cerveró, na função de diretor da Petrobrás, teria recebido da Samsung o valor de US$ 30 milhões em bancos na Suíça para aquisição de duas sondas de perfuração em águas profundas. Júlio Camargo intermediava os pagamentos, já Fernando Soares e Nestor Cerveró tinham controle das contas por meio de offshores.

Tendo em vista a ação penal avançada e os investigados presos no Brasil, a promotoria suíça decidiu transferir o procedimento criminal para o Brasil referente à Cerveró, após pedido do procurador regional da república solicitar a transferência de processo penal ao Ministério Público da Suíça. O pedido de transferência de procedimento criminal de Cerveró teve como fundamento o artigo 46 parágrafo 1 e 4 da Convenção das Nações Unidas Contra Corrupção – Decreto nº 5.687/2006:

> "Art. 46:
>
> 1. Os Estados Partes prestar-se-ão a mais ampla assistência judicial recíproca relativa a investigações, processos e ações judiciais relacionados com os delitos compreendidos na presente Convenção.
>
> (...)
>
> 4. Sem menosprezo à legislação interna, as autoridades competentes de um Estado Parte poderão, sem que se lhes solicite previamente, transmitir informação relativa a questões penais a uma autoridade competente de outro Estado Parte se crêem que essa informação poderia ajudar a autoridade a empreender ou concluir com êxito indagações e processos penais ou poderia dar lugar a uma petição formulada por este último Estado Parte de acordo com a presente Convenção".

Neste caso, a transferência de procedimento criminal no caso operação lava jato envolvendo Cerveró obedeceu ao artigo 4º da Convenção sobre o

Combate da Corrupção de Funcionários Públicos Estrangeiros em Transações Comerciais Internacionais – Decreto nº 3.678/2000, em que os Estados Partes deverão tomar medidas para estabelecer a sua jurisdição para processar seus nacionais quando crime de corrupção é cometido no exterior.

**b) Transferência de processo criminal paraguaio de chefe de organização criminosa**

Um outro caso de transferência de processo penal é referente a um dos chefes do Primeiro Comando da Capital – PCC chamado Elton Leonel Rumich da Silva, brasileiro, conhecido como "galã", traficante internacional e principal fornecedor de drogas e armas entre Brasil e Paraguai.

A justiça do Paraguai acusou Elton pelos crimes de lavagem de dinheiro, tráfico de drogas e organização criminosa. No Brasil, Elton também era investigado pelos mesmos crimes. Assim, a Secretaria de Cooperação Internacional encaminhou o pedido de transferência do processo penal para o Brasil à Procuradoria Geral da República do Paraguai, para que Elton respondesse pelos crimes cometidos no Paraguai aqui no Brasil.

Segundo os procuradores que realizaram o pedido, o acusado não poderia ser extraditado se fosse condenado no Paraguai, tendo em vista a vedação expressa de extradição de brasileiro nato na Constituição Federal. Assim, para o Ministério Público Federal:

> "(...) a impossibilidade de extradição não deve ser obstáculo à responsabilização criminal de Galã pelos atos cometidos no exterior. Por isso, a medida de cooperação internacional visa a transferência de todos os procedimentos criminais no Paraguai contra o brasileiro para que tenham seguimento perante a justiça do Brasil. (2018)".

No final do ano de 2020, Elton, que já estava sendo investigado, foi condenado pela 3ª Vara Federal – Seção Judiciária de Mato Grosso do Sul a oito anos de prisão pelos crimes de lavagem de dinheiro e organização criminosa.

### c) Caso Ricardo Teixeira

Ricardo Teixeira, ex-presidente da Confederação Brasileira de Futebol – CBF foi acusado na Espanha por crimes de lavagem de dinheiro e associação criminosa. Investigaram ainda a ocultação de valores que eram adquiridos por meio de vendas dos direitos de transmissão dos jogos da seleção brasileira, utilizando-se de contas bancárias e empresas de fachada em Andorra na Espanha.

A justiça espanhola havia decretado uma ordem de captura internacional, mas não foi cumprida devido Ricardo Teixeira ser brasileiro nato, que por vedação expressa na Constituição Federal o Brasil não extradita seus nacionais.

Com isso, a Procuradoria Geral da República solicitou à justiça espanhola a transferência de processo penal que teve como objetivo obter conhecimento das minúcias relativas às investigações e provas produzidas, além de possibilitar a persecução penal no Brasil.

# CONCLUSÃO

Pelo exposto, a cooperação jurídica internacional é um conjunto de medidas que visa reunir esforços entre os Estados cooperados para que crimes transnacionais sejam combatidos e autores punidos. É um pedido de auxílio, de assistência jurídica para que cumpram acordos firmados e haja a boa administração da justiça. A cooperação jurídica internacional exige que um Estado cooperante renuncie a sua jurisdição para dar assistência a um outro Estado.

O autor do Projeto de Lei nº 11.234/2018 teve boa intenção visando regular a cooperação jurídica internacional direta e disciplinar a transferência de processo penal, mas poderia gerar dúvidas e quebrar acordos que o Brasil já firmou com outros países. Não mudaria o ordenamento jurídico, pois os tratados internacionais possuem status de lei ordinária.

Dentre vários meios de cooperação jurídica internacional, a transferência de processo penal internacional é um dos instrumentos mais hábeis quando não é possível a extradição e para tornar eficaz a persecução penal. É um instrumento recente e moderno. A principal finalidade da transferência de processo penal internacional é centralizar o processo em um único Estado, reunindo todas as provas produzidas, facilitando a justiça social e garantindo os direitos e deveres do acusado.

Por fim, a transferência de processo penal é um meio de cooperação jurídica internacional que tem a intenção de prevalecer diante das dificuldades que são impostas na persecução penal, evitando a dupla incriminação e que o acusado seja julgado com justiça em seu próprio território nacional.

# REFERÊNCIAS BIBLIOGRÁFICAS

Araújo. N. (2014). A importância da cooperação jurídica internacional para a atuação do estado brasileiro no plano interno e internacional. Consultado em: http://catedradipr.org/diprwp/wp-content/uploads/2015/11/Nadia-De-ARAUJO-A-importancia-da-cooperacao-juridica-internacional-para-a-actuacao-de-Estado-brasileiro-no-plano-interno-e-internacional.pdf. Acesso em: 26 mar. 2021

Bechara, F.R. (2009). Cooperação jurídica internacional em matéria penal: eficácia da prova produzida no exterior. Tese de doutorado. Universidade de São Paulo, Faculdade de direito, São Paulo. Consultado em: https://www.teses. usp.br/teses/disponiveis/2/2137/tde-23112010-101628/pt-br.php. Acesso em: 22 mar. 2021

Brasil. Decreto nº 5.015, de 12 de março de 2004. Promulga a Convenção das Nações Unidas contra o Crime Organizado Transnacional. Consultado em: http://www.planalto.gov.br/ccivil_03/_ato2004-2006/2004/decreto/d5015.htm. Acesso em: 24 mar.2021

_____. Decreto nº 5.687, de 31 de janeiro de 2006. Promulga a Convenção das Nações Unidas contra a Corrupção, adotada pela Assembléia-Geral das Nações Unidas em 31 de outubro de 2003 e assinada pelo Brasil em 9 de dezembro de 2003. Consultado em: http://www.planalto.gov.br/ccivil_03/_ato2004-2006/2006/decreto/d5687.htm. Acesso em: 24 mar.2021

_____. Justiça Federal. Seção Judiciária do Rio de Janeiro. Código-modelo de cooperação interjurisdicional para iberoamérica. Consultado em: https://www.jfrj.jus.br/sites/default/files/revista-sjrj/arquivo/22-67-1-pb.pdf.

_____. Ministério da Justiça. (2014). Departamento de Recuperação de Ativos e Cooperação Jurídica Internacional. Cartilha cooperação jurídica internacional em matéria penal. Brasília: Secretaria Nacional de Justiça. Consultado em: https://www.justica.gov.br/sua-protecao/lavagem-de-dinheiro/institucional-2/publicacoes/arquivos/cartilha-penal-09-10-14-1.pdf

_____. Ministério da Justiça. (2009). Normas e princípios das nações unidas sobre prevenção ao crime e justiça criminal. Brasília: Secretaria Nacional de Justiça. Consultado em: https://www.unodc.org/documents/justice-and-prison-reform/projects/UN_Standards_and_Norms_CPCJ_-_Portuguese1.pdf

_____. PL. nº 11.234/2018. Disponível em: https://www.camara.leg.br/proposicoesWeb/prop_mostrarintegra;jsessionid=F08B734C287014415030D595B7D93F86.propos icoesWebExterno2?codteor=1813274&filename=Avulso+-PL+11234/2018. Acesso em: 30 mar.2021.

_____. Procuradoria Geral da República. Ministério Público Federal. (2018). MPF pede transferência para o Brasil de processos criminais paraguaios que envolvem chefe do PCC. Brasília, DF. Consultado em: http://www.mpf.mp.br/pgr/noticias-pgr/mpf-pede-transferencia-para-o-brasil-de-processos-criminais-paraguaios-que-envolvem-chefe-do-pcc. Acesso em: 25 mar. 2021

_____. Procuradoria Geral da República. Ministério Público Federal. PGR pede transferência do procedimento penal instaurado na Espanha contra Ricardo Teixeira. Brasília, DF. Consultado em: http://www.mpf.mp.br/atuacaotematica/sci/noticias/noticias-1-1/pgr-pede-transferencia-do-procedimento-penal-instaurado-na-espanha-contra-ricardo-teixeira. Acesso em: 29 mar. 2021

_____. Procuradoria Geral da República. Ministério Público Federal. (2015). MP suíço transfere para o Brasil procedimento criminal relativo a Nestor Cerveró. Brasília, DF. Disponível em: http://www.mpf.mp.br/pgr/noticias-pgr/mp-suico-transfere-para-o-brasil-procedimento-criminal-relativo-a-nestor-cervero. Acesso em: 25 mar. 2021

Castells, M. (1999). Para o Estado-Rede: globalização econômica e instituições

políticas na era da informação. Consultado em: http://www.bresserpereira.org.br/Books/Sociedade-e-estado-em-transformacao/05-Para-o-Estado-Rede-globalizacao-economica.pdf. Acesso em 26 mar.2021

Lemos, M.A.Q. (2019). A função da cooperação jurídica internacional na amazônia. XXVIII Congresso Nacional do Belém – PA. Direito internacional. Coordenadores: William Paiva Marques Júnior; Carla Noura Teixeira – Florianópolis: CONPEDI. Consultado em: http://conpedi.danilolr.info/publicacoes/048p2018/17ljwh8x/yS2GP1Gfyvl86UaK.pdf. Acesso em: 31 mar. 2021

Lessa, L.F.V.C. (2009). A assistência direta e a persecução penal transnacional pelo ministério público brasileiro. Tese de doutorado em direito. Pontifícia Universidade Católica do Rio de Janeiro – PUCRIO: Rio de Janeiro. Consultado em: https://www.maxwell.vrac.puc-rio.br/colecao.php?strSecao=resultado&nrSeq=31571@1

Soares, L.A.A. (2016). A transferência de procedimentos criminais como forma de cooperação jurídica internacional e seu cabimento no ordenamento jurídico brasileiro. Revista Direito em Ação – Revista do Curso de Direito da Universidade Católica de Brasília, Brasília, v. 16, n. 1, p. 72-96, jan./jun. ISSN 1518-9562. Disponível em: https://portalrevistas.ucb.br/index.php/RDA/article/download/7547/4667

Weber, P. M. N. (2016). Cooperação internacional penal: conceitos básicos In: BRASIL. Ministério Público Federal. Secretaria de Cooperação Internacional. (org.). Temas de cooperação internacional. Parte I. 2. ed., rev. e atual. Brasília: MPF.

# A NÃO CONCESSÃO DE EXTRADIÇÃO PASSIVA POR AUSÊNCIA DE GARANTIA DO DEVIDO PROCESSO LEGAL COMO HIPÓTESE DERIVADA ESPECIFICAMENTE DA CONSTITUIÇÃO SOB A ÓTICA DA JURISPRUDÊNCIA DO SUPREMO TRIBUNAL FEDERAL

Autor:

Euclides de Almeida Silva Filho

# RESUMO

O presente artigo terá por objetivo analisar a jurisprudência do Supremo Tribunal Federal nos casos de extradição passiva em que há a alegação de ausência de garantia de respeito ao devido processo legal pelo Estado requerente da medida, tendo por foco os critérios utilizados pela corte para considerar que um Estado efetivamente viola o devido processo legal e os fundamentos jurídicos utilizados como ratio decidendi para a não concessão da extradição a esses Estados. A extradição passiva configura-se como um meio de cooperação jurídica internacional em matéria penal. Havendo a Constituição Federal estabelecidos os direitos fundamentais para o estrangeiro, cabe ao Estado zelar por estes direitos, evitando que um estrangeiro possa ser submetido a um julgamento sem as garantias do devido processo legal. A não concessão de extradição passiva por ausência de garantia do devido processo legal configura-se como uma hipótese especificamente constitucional, em razão da condição jurídica do estrangeiro, não se amoldando a nenhuma das hipóteses do artigo 82 da Lei nº 13.445/2017.

Palavras-chave: extradição passiva; devido processo legal; estrangeiro; direitos fundamentais.

# ABSTRACT

This article aims to analyze the jurisprudence of the Supremo Tribunal Federal in cases of passive extradition that there is the allegation of absense of guarantee of respect for due processo f law by the State requesting the measure, focusing the criteria used by the court to considerer that a State effectively violates due process of law and the legal grounds used as reationale for the decision for the non-concession of extradition to those States. Passive extradition is a means of international legal cooperation in criminal matters. If the Federal Constitution establishes fundamental rights for foreigners, it is up to the State to ensure these rights, preventing a Foreigner from being subjected to a trail without the guarantees of due legal process. The non-concession of passive extradion due the lack of guarantee of due processo f law is configured as a specifically constitutional hypothesis, due to the legal status of the Foreigner, not conforming to any of the hypothesis of Article 82 of Law nº13.445/2017.

Key words: passive extradition; due process of law; foreigner; fundamental rights.

# INTRODUÇÃO

A extradição passiva afigura-se como um dos mais importantes meios de cooperação jurídica internacional em matéria penal, possibilitando que, diante do crescente aumento do fenômeno da transnacionalização da criminalidade, um indivíduo que cometeu um crime de gravidade não se valha da imigração para se evadir de uma responsabilização penal.

Todavia, a considerar o compromisso da República Federativa do Brasil com os direitos humanos, consubstanciado na ratificação de tratados internacionais sobre o tema e por expressa previsão da Constituição Federal de 1988, que prevê, inclusive, o estrangeiro como sujeito de direitos e garantias fundamentais, não poderá ser concedida extradição passiva quando não houver garantias, pelo Estado requerente do pedido, de respeito aos direitos humanos.

A jurisprudência do Supremo Tribunal Federal tem se notabilizado pela não concessão de extradição passiva a Estados que têm sistematicamente violado a garantia do devido processo legal aos acusados de prática de infração penal, o que, em muitos casos, levam a arbitrárias condenações à pena capital.

Objetiva-se, com este artigo, proceder à análise da jurisprudência do Supremo Tribunal Federal nos casos de extradição passiva em que há a alegação de ausência de garantia de respeito ao devido processo legal pelo Estado requerente da medida, tendo por foco os critérios utilizados pela corte para considerar que um Estado efetivamente viola o devido processo legal e os fundamentos jurídicos utilizados como ratio decidendi para a não concessão da extradição a esses Estados.

Para atingir tal desiderato, o artigo abordará, em um primeiro momento, a configuração da extradição passiva como um ato de cooperação jurídica internacional em matéria penal consonante com os direitos fundamentais do estrangeiro, mediante a análise do instituto sob as perspectivas conceitual, histórica e constitucional, com ênfase à condição jurídica do estrangeiro definida na Constituição Federal de 1988.

Em sequência, descrever-se-ão os aspectos essenciais do procedimento de extradição passiva estabelecida pela Lei de Migração.

Por fim, analisar-se-á a jurisprudência do Supremo Tribunal Federal referentes aos casos em que há a alegação de ausência de garantia de respeito ao devido processo legal pelo Estado requerente da medida, mediante o estudo aprofundado de acórdãos selecionados representativos da controvérsia.

A hipótese verificável é a de que a não concessão de extradição passiva por ausência de garantia do devido processo legal tem por fundamento jurídico a Constituição Federal especificamente, mesmo diante das hipóteses de não concessão de extradição pelo artigo 82 da Lei de Migração, em razão da expressa previsão de direitos fundamentais atribuídos aos estrangeiros, que contemplam a garantia do devido processo legal, a impedir que um estrangeiro em território nacional seja enviado a outro Estado para responder a um processo penal em que exista a possibilidade de não lhe ser franqueado o respeito ao devido processo legal.

# A EXTRADIÇÃO PASSIVA ENQUANTO ATO DE COOPERAÇÃO JURÍDICA INTERNACIONAL EM MATÉRIA PENAL CONSONANTE COM OS DIREITOS FUNDAMENTAIS DO ESTRANGEIRO

Em virtude da globalização, as relações entre Estados nacionais entre si e indivíduos de nacionalidades diversas tornam-se cada vez mais frequentes. Ocorre, assim, o surgimento de novos tipos de relações e institutos jurídicos, assim como os meios de integração entre os Estados nacionais diversificam-se, gerando, por consequência, o aumento do fluxo imigratório.

Neste contexto, o fenômeno da transnacionalização da criminalidade [1] ganha forma e relevo, a exigir dos Estados cooperação técnica e jurídica [2] para um efetivo combate a delitos que não se circunscrevem aos limites territoriais de uma única nação. Outrossim, criminosos procurados em um Estado podem

---

1     "Várias são as vertentes em que o crime internacional está presente, a exemplo da prática da corrupção, que contamina as estruturas do Estado e compromete o bem comum; fraudes diversas a inviabilizar a estabilidade econômica; o narcotráfico que ceifa vidas, adoece e desestrutura a sociedade como um todo; tráfico de armas, que estimula a violência; e o tráfico de pessoas, que escraviza vidas e que, entre outros, cora de vergonha o rosto da humanidade" (SECRETARIA NACIONAL DE JUSTIÇA, 2012, p. 11).

2     "A experiência empírica indica que a cooperação entre os países é o veículo mais eficaz de enfrentamento e desarticulação dessas atividades criminosas, e o fortalecimento dos canais de comunicação tem demonstrado que o trabalho coletivo não pode ser preterido por ações unilaterais, sob pena de não resultar na esperada eficácia da atividade estatal" (SECRETARIA NACIONAL DE JUSTIÇA, 2012, p. 11)

se valer da imigração para residir em outro Estado com o objetivo de fugir da justiça criminal do seu país[3].

A extradição surge como o meio de cooperação jurídica internacional em matéria penal em que um Estado entrega a outro, a requerimento deste, um indivíduo que responda a um processo criminal ou tenha uma condenação criminal a ser executada, com o objetivo de possibilitar a efetivação da justiça do Estado requerente[4].

MAZZUOLI (2019, p. 1.087) define a extradição como:

"Denomina-se extradição a medida de cooperação internacional pela qual um Estado entrega à justiça repressiva de outro, a pedido deste, indivíduo neste último processado ou condenado criminalmente e lá refugiado, para que possa aí ser julgado ou cumprir a pena que lhe foi imposta. Assim, há duas possibilidades para a extradição: ou a pessoa responde a processo penal no Estado requerente, ou nesse Estado já foi julgada (em definitivo) no âmbito criminal. O Estado que envia o extraditando é o Estado requerido, e o que solicita a sua entrega, o Estado requerente. No Brasil, a extradição e sua

---

3       "Se, por um lado, a intensificação mundial dos fluxos de bens, serviços, capitais e pessoas trouxe vários benefícios aos países, como crescimento, desenvolvimento e evolução em sentido amplo, de outro, acabou por transnacionalizar e expandir, também, as atividades criminosas. Isto porque as fronteiras para as pessoas reclamadas pela Justiça não representam tão-somente limites territoriais, mas também uma barreira ao alcance da Justiça, capaz de resultar em impunidade" (SECRETARIA NACIONAL DE JUSTIÇA, 2012, p. 15).

4       "A instituição da extradição tem por objetivo evitar, mediante a cooperação internacional, que um indivíduo deixe de pagar pelas consequências do crime cometido" (ACCIOLY et al, 2012, p. 761).

*rotina de comunicação é realizada pelo Ministério da Justiça
e Segurança Pública em coordenação com o Ministério das
Relações Exteriores e outras autoridades judiciárias e policiais
competentes (Lei de Migração, art. 81, §2º; Regulamento, art.
262, caput)".*

O artigo 81 da Lei nº 13.445/2017 fornece a seguinte definição de extradição: "Art. 81. A extradição é a medida de cooperação internacional entre o Estado brasileiro e outro Estado pela qual se concede ou solicita a entrega de pessoa sobre quem recaia condenação criminal definitiva ou para fins de instrução de processo penal em curso".

A extradição é o meio de cooperação internacional em matéria penal[5] mais antigo, cuja origem formal remonta ao primeiro tratado internacional multilateral que se tem notícia, firmado entre o Rei dos Hititas, Hattusil III, e o Faraó egípcio da XIXª dinastia, Ramsés II, por volta de 1.280 a 1.272 a.c, cujas cláusulas de extradição vêm expressas nos itens XI e XIII (MAZZUOLI, 2019, p. 1.088).

Ainda, segundo MAZZUOLI (2019, p. 1089), as fontes do direito extradicional são: "a) os tratados internacionais de extradição, bem como, em sua ausência (ou até mesmo em seu complemento), as declarações formais de reciprocidade; b) as leis sobre extradição; c) a jurisprudência; e d) os usos e costumes internacionais". Por sua vez, a materialização da extradição provém da celebração de um tratado multi ou bilateral que abranja os Estados envolvidos

---

5    "A finalidade da cooperação entre os Estados ou organismos internacionais é, sem dúvida, o combate à criminalidade. Por esse motivo, a cooperação não se manifesta apenas na fase judicial, tendo lugar também na fase de investigação e na definição de políticas criminais. (...) A cooperação internacional em matéria penal é um complexo instituto que tem sido utilizado ao longo da história pelos Estados para se evitar a impunidade. Diversos são os atos que podem ser praticados pela via cooperacional" (JAPIASSÚ, 2014, posição 2681 a 2717).

ou por uma declaração formal de reciprocidade[6], pelo qual um Estado exerce a sua faculdade de extraditar um estrangeiro ao Estado requerente com base na promessa de reciprocidade.

A extradição é classificada em ativa ou passiva. A extradição será ativa quando o Governo brasileiro solicita a outro país a entrega de pessoa procurada pela Justiça brasileira, para fins de julgamento ou cumprimento de pena. Já a extradição passiva ocorre quando uma pessoa objeto de processo penal em outro país encontra-se no Brasil e o Estado estrangeiro requer a sua entrega para instrução de processo penal ou execução de sentença, ainda que não transitada em julgado (SECRETARIA NACIONAL DE JUSTIÇA, 2012, p. 21).

A Constituição Federal de 1988 prevê a extradição no seu art. 5º, incisos LI e LII[7]. Deflui-se destes dispositivos que o brasileiro natural não poderá ser extraditado, e o naturalizado poderá apenas em situações específicas, decorrentes de crime praticado antes da naturalização e em tráfico ilícito de entorpecentes ou drogas afins. O estrangeiro não poderá ser extraditado por crimes políticos ou de opinião, pois isso, sob a ótica da Constituição, se qualifica como perseguição política, indo contra os propósitos do instituto da extradição.

Os princípios regentes do instituto da extradição são o da especialidade, o da dupla tipicidade, da dupla punibilidade e o do non bis in iden. A extradição, como meio de cooperação jurídica internacional, visa a fazer com que pessoas reclamadas possam responder à justiça do Estado do local onde ocorreu o fato

---

6    "Na ausência de tratado, o Brasil e alguns outros países concedem a extradição mediante declaração formal de reciprocidade, segundo a qual, ocorrendo crime análogo no país requerido, o país requerente se compromete a conceder a extradição solicitada" (ACCIOLY et al, 2012, p. 762).

7    "Art. 5º, LI – nenhum brasileiro será extraditado, salvo o naturalizado, em caso de crime comum, praticado antes da naturalização, ou de comprovado envolvimento em tráfico ilícito de entorpecentes ou drogas afins, na forma da lei; LII – não será concedida a extradição de estrangeiro por crime político ou de opinião".

delituoso[8]. Contudo, é necessário que, durante o procedimento, haja o respeito aos direitos fundamentais estabelecidos na Constituição para todas as pessoas, sejam nacionais ou estrangeiras, por isso a existência de limites e princípios que conformem a extradição.

Pelo princípio da especialidade, o extraditando não poderá vir a ser processado e/ou julgado por crimes que não embasaram o pedido de cooperação. Além disto, o cometimento do crime deverá ser anterior ao pedido formal de extradição, podendo o Estado requerente solicitar ao Estado requerido a extensão ou ampliação da extradição ou extradição supletiva (SECRETARIA NACIONAL DE JUSTIÇA, 2012, p. 16).

O princípio da dupla tipicidade, também referido como princípio da identidade ou da dupla incriminação do fato ou da incriminação recíproca. Por este princípio, o pedido de extradição deverá estar amparado em um crime que seja tipificado pelas legislações tanto do Estado requerido como do Estado requerente[9]. Os pedidos de extradição não se restringem à identidade dos tipos legais, mas à antijuridicidade e tipicidade da conduta ou omissão no ordenamento jurídico dos Estados envolvidos (SECRETARIA NACIONAL DE JUSTIÇA, 2012, p. 16).

O princípio da dupla punibilidade na extradição diz respeito à hipótese de o crime imputado ao extraditando estar prescrito perante as jurisdições

---

8      "A extradição configura o ponto alto da cooperação penal entre Estados para a repressão internacional de crimes. Não se trata de pena, mas de medida de cooperação internacional na repressão ao delito, que visa à boa administração da justiça penal" (MAZZUOLI, 2019, p. 1090).

9      "O crime imputado ao extraditando deve encontrar plena correspondência típica nas leis brasileiras penais, sendo realmente importante a aferição da presença dos elementos estruturantes do tipo penal ("essentialia declicti"), tais como definidos nos preceitos primários de incriminação constantes da legislação brasileira e vigentes no ordenamento positivo do Estado estrangeiro, independentemente da designação formal atribuída aos fatos delituosos ("nomen juris")" (CATTANI, 2020, p. 29).

do Estado requerente e/ou do Estado requerido, caso em que o pedido de extradição deverá ser negado, nos termos do inciso IV do artigo 82 da Lei de Migração, por ausência de punibilidade do agente (conferir julgamento da Ext. 652, onde são tratados diferenciadamente os princípios da dupla tipicidade e dupla punibilidade).

Por fim, o princípio do non bis in idem[10] ou ne bis in idem ou da vedação da dupla punição pelo mesmo fato apregoa que ninguém poderá ser julgado mais de uma vez sobre o mesmo fato. Deste modo, não será concedida extradição quando já existir sentença transitada em julgado pelo mesmo fato em que se baseia o pedido de extradição.

O Estado brasileiro segue o Sistema de Contenciosidade Limitada[11] na extradição passiva, o que significa que o Supremo Tribunal Federal possui

---

10      "Quer dizer que ninguém deve ser processado e punido duas vezes pela prática da mesma infração penal. Tal garantia está prevista, implicitamente, na Convenção Americana sobre Direitos Humanos (art. 8º, n. 4). Se não há possibilidade de processar novamente quem já foi absolvido, ainda que surjam novas provas (princípio processual da vedação do duplo processo pelo mesmo fato), é lógico não ser admissível punir o agente outra vez pelo mesmo delito" (NUCCI, 2016, p. 80).

11      "E M E N T A: EXTRADIÇÃO - PRETENDIDA DISCUSSÃO DA PROVA PENAL PRODUZIDA PERANTE A JUSTIÇA PORTUGUESA - CONTESTAÇÃO, PELO EXTRADITANDO, DA AUTORIA DOS FATOS DELITUOSOS - INADMISSIBILIDADE - CONSUMAÇÃO DA PRESCRIÇÃO PENAL RELATIVAMENTE A UM DOS DELITOS MOTIVADORES DO PEDIDO DE EXTRADIÇÃO - FATO QUE OBSTA, QUANTO A TAL DELITO, O DEFERIMENTO DA ENTREGA EXTRADICIONAL - EXTRADIÇÃO DEFERIDA EM PARTE. EXTRADIÇÃO E SISTEMA DE CONTENCIOSIDADE LIMITADA. - O modelo extradicional vigente no Brasil - que consagra o sistema de contenciosidade limitada, fundado em norma legal (Estatuto do Estrangeiro, art. 85, § 1º) reputada compatível com o texto da Constituição da República (RTJ 105/4-5 - RTJ 160/433-434 - RTJ 161/409-411 - RTJ 183/42-43 - Ext 811/República do Peru) - não autoriza que se renove, no âmbito da ação de extradição passiva promovida perante o Supremo Tribunal

limitações que o impedem de reexaminar o quadro probatório ou a discussão sobre o mérito tanto da acusação quanto da condenação emanadas pela autoridade competente do Estado estrangeiro. A defesa do extraditando sofre limitações de ordem material, não podendo retomar questões de prova ou mérito já discutidas no processo penal originário. Sem embargo, poderão ser analisadas questões formais do processo penal, como garantias e direitos básicos da pessoa reclamada (SECRETARIA NACIONAL DE JUSTIÇA, 2012, p. 18).

Na forma do § 1º do art. 81 da Lei nº 13.445/2017: "A extradição será requerida pelas autoridades centrais designadas para este fim ou por via diplomática". Por sua vez, o art. 89 da Lei de Migração determina que: "O pedido de extradição originado de Estado estrangeiro será recebido pelo órgão competente do Poder Executivo e, após exame da presença dos pressupostos formais de admissibilidade exigidos nesta Lei ou em tratado, encaminhado à autoridade judiciária competente". A Autoridade central é o órgão do Poder Executivo

---

Federal, o litígio penal que lhe deu origem, nem que se efetive o reexame do quadro probatório ou a discussão sobre o mérito da acusação ou da condenação emanadas de órgão competente do Estado estrangeiro. Doutrina. Precedentes. EXTRADIÇÃO E RESPEITO AOS DIREITOS HUMANOS. - O sistema de contenciosidade limitada não inibe, nem exonera o Supremo Tribunal Federal do dever ético-jurídico de velar pelo efetivo respeito aos direitos básicos da pessoa humana, sempre passíveis, mesmo em sede extradicional, da máxima proteção jurisdicional, a ser constitucionalmente dispensada por esta Suprema Corte. Precedente: RTJ 177/485-488. VALIDADE CONSTITUCIONAL DO ART. 85, § 1º DA LEI Nº 6.815/80. - As restrições de ordem temática, estabelecidas no Estatuto do Estrangeiro (art. 85, § 1º) - cuja incidência delimita, nas ações de extradição passiva, o âmbito material do exercício do direito de defesa -, não são inconstitucionais, nem ofendem a garantia da plenitude de defesa, em face da natureza mesma de que se reveste o processo extradicional no direito brasileiro. (...) (Ext 866, Relator(a): CELSO DE MELLO, Tribunal Pleno, julgado em 17/12/2003, DJ 13-02-2004 PP-00017 EMENT VOL-02139-01 PP-00014)".

órgão responsável pela condução da cooperação jurídica internacional[12]. No Brasil, ela é exercida por meio do Departamento de Recuperação de Ativos e Cooperação Jurídica Internacional da Secretaria Nacional de Justiça (DRCI/Senajus), órgão este integrante do Ministério de Justiça e Segurança Pública, nos termos do Art. 14, Anexo I, do Decreto nº 9.662/2019.

O controle de legalidade do processo extradicional é feito pela Autoridade Judicial, que no Brasil é exercida pelo Supremo Tribunal Federal – STF. O art. 90 da Lei de Migração preceitua que nenhuma extradição será concedida sem prévio pronunciamento do Supremo Tribunal Federal sobre a sua legalidade e procedência, não cabendo recurso da decisão. A Constituição Federal pelo seu art. 102, I, g, estabelece que compete ao Supremo Tribunal Federal processar e julgar originariamente a extradição solicitada por Estado estrangeiro.

Como visto, o controle de legalidade na extradição passiva é regido pelo Sistema de Contenciosidade Limitada, não cabendo ao STF atuar como uma instância revisora da Justiça do Estado estrangeiro, analisando questões referentes ao mérito do processo criminal. A análise judicial circunscrever-se-á, portanto, na análise do atendimentos dos requisitos legais previstos na Constituição, na Lei de Migração e nos demais regulamentos pertinentes, bem como no respeito aos direitos fundamentais do extraditando.

---

12      "A Autoridade Central é um conceito consagrado no Direito Internacional e visa a determinar um ponto unificado de contato para a tramitação dos pedidos de cooperação jurídica internacional, com vistas à efetividade e à celeridade desses pedidos. A principal função da Autoridade Central é buscar maior celeridade e efetividade aos pedidos de cooperação jurídica internacional penais ou civis. Para isso, recebe, analisa, adequa, transmite e acompanha o cumprimento dos pedidos junto às autoridades estrangeiras. Essa análise leva em conta a legislação nacional e os tratados vigentes, bem como normativos, práticas e costumes nacionais e internacionais".

Consultado em: https://www.justica.gov.br/sua-protecao/cooperacao-internacional/autoridade-central-1#:~:text=A%20Autoridade%20Central%20%C3%A9%20um,e%20%C3%A0%20celeridade%20desses%20pedidos. Acesso em 29/03/2021.

Na extradição passiva, após a fase judicial, o processo é remetido novamente ao Poder Executivo, na qual o governo autoriza a entrega do extraditando ao país requerente ou comunica a sua negativa. A negativa da extradição pode ocorrer por conta da negativa de autorização da extradição pelo STF, diante do não atendimento dos requisitos para a entrega do extraditando pelo país requerente ou por decisão discricionária do Presidente da República, com base nos critérios de conveniência e oportunidade, diante da sua condição de Chefe de Estado.

Essa questão da possibilidade de o Presidente da República decidir discricionariamente sobre a extradição, mesmo com decisão autorizatória do STF, ficou estabelecida no julgamento da Extradição nº 1.085, referente ao italiano Cesare Battisti. No caso em comento, no ano de 2010, o Presidente da República em exercício, Luís Inácio Lula da Silva, decidiu por não cumprir a decisão do STF pela extradição de Cesare Battisti. Contudo, no ano 2018, o Presidente da República em exercício, Michel Temer, decretou a extradição de Cesare Battisti, e assim ocorreu a extradição.

A condição jurídica do estrangeiro como detentor de direitos fundamentais, conforme preconizado pelas Declarações de direitos humanos, no plano internacional, e pela Constituição Federal de 1988, no plano nacional, é um fator da mais alta relevância a ser levada em consideração na análise do processo de extradição passiva, pois o Brasil configura-se como um Estado Democrático de Direito, velando pelo respeito a um núcleo de direitos fundamentais, independentemente da origem ou nacionalidade da pessoa.

A nacionalidade pode ser conceituada como: "o vínculo político-jurídico que liga um indivíduo a determinado Estado fazendo com que esse indivíduo passe a integrar o povo desse Estado e, por consequência, desfrute de direitos e se submeta a obrigações" (LENZA, 2018, p. 1257). Ela é um critério relevante para o reconhecimento de direitos fundamentais perante a Constituição de 1988 e também é reconhecida como um direito fundamental perante os principais instrumentos internacionais declaratórios de direitos humanos, ninguém podendo dela ser arbitrariamente privado, assim como é conferido o direito de alterá-la[13].

O conceito de estrangeiro, por sua vez, é dado por exclusão. Será estrangeiro todo aquele que não detém nacionalidade perante os parâmetros da ordem jurídica de um Estado, em qualquer uma de suas possíveis modalidades, originária ou adquirida. O estrangeiro, portanto, não terá um vínculo jurídico-político com o Estado de referência. Uma pessoa pode passar da condição de nacional para estrangeiro simplesmente indo do território do Estado em que detém nacionalidade para o território de um outro Estado em que não detém nacionalidade segundo as suas normas internas (MAZZUOLI, 2019, p. 1064).

Com relação à condição jurídica dos estrangeiros, os Estados não são obrigados a aceitar estrangeiros em seu território, mas, se assim o fizer, deve-lhes conceder o mínimo de direitos inerentes à sua condição de pessoa humana. O art. 5º, caput, da CRFB/88, garante aos nacionais e estrangeiros, igualmente, a inviolabilidade do direito à vida, à liberdade, à igualdade, à segurança e à propriedade. O art. 4º da Lei de Migração (Lei nº 13.445/2017), em dezesseis incisos, especifica os direitos que são conferidos aos estrangeiros quando em território nacional.

Ressalta-se que a ordem jurídica nacional dotou os estrangeiros de um núcleo adequado de direitos fundamentais em igualdade de fruição aos nacionais, em

---

13    "A nacionalidade passou a ser reconhecida como direito humano na Declaração Universal dos Direitos Humanos (1948), que dispõe sobre o direito do indivíduo a ter uma nacionalidade e de não poder ser dela arbitrariamente privado, assim como o direito de alterar a sua nacionalidade (art. XV). O Pacto Internacional dos Direitos Civis e Políticos estabelece que toda criança tem o direito de adquirir uma nacionalidade (art. 24, n. 3). O Pacto San José da Costa Rica (1969), a exemplo da Declaração Universal dos Direitos Humanos (1948) e do Pacto Internacional de Direitos Civis e Políticos, dispõe que toda pessoa tem direito a uma nacionalidade (art. 20, n. 1). Dispõe, igualmente, que "toda pessoa tem direito à nacionalidade do Estado em cujo território houver nascido, se não tiver direito a outra" (art. 20, n. 2)" (SARLET et al, 2018, p. 733)

consonância ao que apregoa as principais declarações de direitos humanos da ordem internacional. No entanto, os estrangeiros enfrentam restrições sobre o que lhes é franqueado pela ordem jurídica em relação aos brasileiros natos e naturalizados. A título de exemplo, citam-se algumas destas restrições: a possibilidade de o estrangeiro ser retirado forçadamente do território nacional pelo Estado, na forma dos institutos da extradição, deportação e expulsão; a vedação do alistamento do estrangeiro como eleitor, afetando diretamente o exercício de direitos políticos e da cidadania (art. 14, §2º, da CRFB/88); a vedação de ocupação por um estrangeiro de cargos públicos relevantes para a soberania nacional (art. 12 §3º, da CRFB/88); a ocupação de cargos e funções públicas é regulada pela lei (art. 37, I, da CRFB/88).

Por ostentar uma condição jurídica diferenciada, o estrangeiro pode sofrer a extradição passiva quando o Estado estrangeiro requerer e houver o atendimento de todos os requisitos legais e constitucionais para tanto, com o respeito ao devido processo legal e aos direitos fundamentais conferidos ao estrangeiro.

Tendo em vista que a extradição é um ato de cooperação jurídica internacional, indo além de questões afetas à normatividade interna, não se pode olvidar que a entrega de um estrangeiro a outro país envolve um ato de soberania nacional e por isso deve estrita conformidade com as disposições nacionais. Inclusive os tratados ou notas de reciprocidade que tratem de extradição devem estar de acordo com a Constituição.

Por envolver a entrega de um estrangeiro que, a priori, atendia aos requisitos para estar em território nacional, há uma especial necessidade de se garantir o respeito aos direitos fundamentais, motivo pelo qual nenhuma regra legal ou disposição de direito internacional poderá ser aplicada se houver vulneração destes direitos, assim como qualquer interpretação deverá ser feita em consideração à condição jurídica do estrangeiro. No decorrer deste artigo, sustentar-se-á a correção da negativa da extradição passiva quando o país requerente for violador do devido processo legal por caracterizar-se inconstitucional a entrega de um estrangeiro para responder a um processo penal ou cumprir uma pena sem que lhe seja conferido um processo penal em consonância com os direitos humanos.

# ASPECTOS DO PROCEDIMENTO DE EXTRADIÇÃO PASSIVA

Conforme visto anteriormente, a extradição passiva ocorre quando o Estado estrangeiro solicita ao Estado brasileiro a entrega de pessoa que se encontre em território nacional e que tenha condenação criminal definitiva, responda a processo criminal ou à investigação em curso.

A extradição passiva exige que se tenha uma situação concreta de um autor concreto. Isso significa que deve haver materialidade do fato delituoso e que a autoria imputada corresponda a pessoa certa, determinada e individualizada e obviamente esta pessoa deverá ser aquela que motiva o pedido de extradição pelo Estado estrangeiro. Tal exigência decorre pela garantia fundamental da individualização da pena e a sua esfera de limite pessoal intransponível. O artigo 91, §1º, da Lei de Migração prevê, como um dos tópicos sobre os quais recaem a defesa na extradição, a identidade da pessoa reclamada (CATTANI, 2020, p. 19-20).

O início do processo de extradição ocorre por meio de um pedido realizado por um Estado soberano a outro Estado soberano, no caso do Brasil pelo pedido de entrega de um estrangeiro ou de um brasileiro naturalizado (nas hipóteses constitucionais) por parte um Estado estrangeiro ao Estado brasileiro. Este pedido poderá ser realizado por via diplomática ou pelas autoridades centrais designadas para este fim (CATTANI, 2020, p.21). Se o pedido for realizado por via diplomática, o Ministério das Relações receberá o pedido. O Departamento de Recuperação de Ativos e Cooperação Jurídica Internacional (DRCI) exerce o papel de Autoridade Central para cooperação Internacional e ficará a cargo de receber o pedido de extradição caso ele não seja encaminhado via diplomática. De todo modo, nos termos do art. 2º da Portaria 217/2018, do Ministério da Justiça e Segurança Pública, caberá ao DRCI analisar e instruir os pedidos de extradição e de prisão cautelar para fins de extradição passiva e ativa, motivo pelo qual o processo de extradição necessariamente passará por este órgão durante a fase administrativa.

O artigo 82 [14]da Lei nº 13.445/2017 estabelece as hipóteses em que a extradição é vedada. Preferiu o legislador elencar expressamente as hipóteses em que o pedido de extradição não poderá ser julgado procedente, de forma que não haverá óbice, pelo Estado brasileiro, à entrega da pessoa reclamada se não houver a incidência de nenhum dos incisos, concomitante ou isoladamente. A extradição passiva, para além das hipóteses do artigo 82, também poderá ser negada, segundo a jurisprudência do STF e em consonância com os direitos fundamentais do estrangeiro garantidos pela Constituição, se o Estado requerente for violador do devido processo legal.

O inciso I do art. 82, na esteira do art. 5º, LI, da CRFB/88, prescreve que o brasileiro nato não poderá ser extraditado, materializando-se em uma garantia conferida ao nacional brasileiro de não ser entregue a Estado estrangeiro, a implicar que qualquer pedido neste sentido deverá ser necessariamente negado. O inciso II tem relação com o princípio da dupla tipicidade, prescrevendo a infração penal prevista no Estado estrangeiro também deverá estar prevista no Brasil para que haja a possibilidade de extradição.

---

14        "Art. 82. Não se concederá a extradição quando: I - o indivíduo cuja extradição é solicitada ao Brasil for brasileiro nato; II - o fato que motivar o pedido não for considerado crime no Brasil ou no Estado requerente; III - o Brasil for competente, segundo suas leis, para julgar o crime imputado ao extraditando; IV - a lei brasileira impuser ao crime pena de prisão inferior a 2 (dois) anos; V - o extraditando estiver respondendo a processo ou já houver sido condenado ou absolvido no Brasil pelo mesmo fato em que se fundar o pedido; VI - a punibilidade estiver extinta pela prescrição, segundo a lei brasileira ou a do Estado requerente; VII - o fato constituir crime político ou de opinião; VIII - o extraditando tiver de responder, no Estado requerente, perante tribunal ou juízo de exceção; ou IX - o extraditando for beneficiário de refúgio, nos termos da Lei nº 9.474, de 22 de julho de 1997, ou de asilo territorial".

O inciso III veda a extradição se o Brasil tiver competência, segundo as suas leis, para julgar o crime imputado ao extraditando, seja o crime cometido no território nacional ou em território estrangeiro, nos casos de competência extraterritorial da justiça brasileira. Cabe ressaltar que, no julgamento da Extradição nº 634[15], o STF abrandou o rigor deste inciso, permitindo a extradição em casos de competência concorrente se a justiça brasileira não houver instaurado processo pelos mesmos fatos.

O inciso IV prevê a impossibilidade de extradição se a infração penal cometida pelo requerido não conter suficiente gravidade pela legislação brasileira, nos casos em que a pena máxima cominada for inferior a dois anos[16]. O inciso V prescreve que, em casos de jurisdição concorrente, o Brasil

---

15     "EMENTA:     EXTRADIÇÃO.     INSTRUÇÃO     PROBATORIA. INADMISSIBILIDADE. CASAMENTO COM BRASILEIRA. SÚMULA 421. COMPETÊNCIA CONCORRENTE DA JUSTIÇA NACIONAL. PRESCRIÇÃO: PRESUNÇÃO DE INOCORRENCIA. PRECEDENTES DO STF (...) II - Casamento do extraditando com brasileira. Fato irrelevante. Verbete 421 da Súmula do STF. III - Sobre a competência cumulativa da jurisdição local, a jurisprudência do Supremo vem nos últimos anos abrandando o rigor do artigo de lei para conceder a extradição quando ainda não se tenha instaurado no Brasil processo pelos mesmos fatos. IV - A falta, no dossiê apresentado pelo Estado requerente, de cópia dos dispositivos da lei alemã sobre o tema prescricional não prejudica o pedido: há total segurança em presumir que, à luz de ambos os ordenamentos jurídicos, não se poderiam supor prescritos crimes desta natureza ao cabo de tão pouco tempo. Em tais hipóteses, a jurisprudência do Supremo admite que se conclua pela inocorrência da prescrição. Extradição deferida. (Ext 634, Relator(a): FRANCISCO REZEK, Tribunal Pleno, julgado em 30/03/1995, DJ 15-09-1995 PP-29506 EMENT VOL-01800-01 PP-00103)".

16     "A política de extradição é, inicialmente, para crimes em que haja considerável potencial lesivo (gravidade), ao ponto de interesse e custos extradicionais. Sobre a valoração penal para fins de interesse de extradição, pode-se observar que o legislador optou por um ajuste de política criminal condizente com o posicionamento interno do Brasil referente aos crimes de menor potencial ofensivo, que são regulados pela Lei 9.099/95 (Juizados Especiais) e que, em regra, adota políticas descriminalizadoras

não extraditará o extraditando que responder ou houver sido condenado ou absolvido pela justiça brasileira pelo mesmo fato em que se fundar o pedido.

O inciso VI possibilita a negativa da extradição passiva se houver a prescrição penal pela lei brasileira ou do Estado requerente, pois se trata de causa extintiva da punibilidade perante o Brasil, nos termos do art. 107, IV, do CP, carecendo de aplicação o princípio da dupla tipicidade, pois o extraditando neste caso deixa de ser punido pela justiça de um dos países envolvidos no processo de extradição.

O inciso VII trata da negativa de extradição nos crimes políticos e de opinião, na esteira do art. 5º, LII, da CRFB/88. Como a legislação não fornece um conceito legal para o conjunto de tais crimes, caberá ao STF dizer se os delitos pelos quais se pede extradição constituem infração de natureza política ou de opinião. A extradição, portanto, só é cabível para os casos de crimes comuns (CATTANI, 2020, p. 35).

O inciso VIII, por sua vez, estabelece que a extradição será negada se o extraditando tiver de responder, no Estado requerente, perante juízo ou tribunal de exceção. Essa exigência vai de encontro com os direitos fundamentais do estrangeiro e do princípio do devido processo legal, em especial dos incisos XXXVII (não haverá juízo ou tribunal de exceção), LIII (ninguém será processado ou sentenciado senão pela autoridade competente) e LIV (ninguém será privado da liberdade ou dos seus bens sem o devido processo legal) do art. 5º da CRFB/88.

O inciso IX estabelece que se o extraditando for beneficiário de refúgio ou asilo territorial, não haverá de ser concedida a extradição. O asilo e o refúgio são institutos contemplados pelo direito interno e internacional e possibilitam o acolhimento e permanência de um estrangeiro no território nacional, sob determinadas circunstâncias (SARLET et al, 2018, p. 763). O asilo é regulado

---

como o acordo entre as partes, a transação penal e a suspensão do processo por um período de prova" (CATTANI, 2020, p. 32).

pela Lei nº 13.445/2017[17], e o refúgio[18] é regulado pela Lei nº 9.474/1997. A impossibilidade de extradição trata apenas do asilo territorial, não abrangendo o asilo diplomático.

O Estado requerente da extradição poderá, havendo urgência, previamente ou conjuntamente com a formalização do pedido extradicional, formular pedido de prisão cautelar, nos termos do art. 84 da Lei de Migração.

O pedido de prisão cautelar deverá demonstrar a existência dos pressupostos do fumus comissi delicti (apresentação do fato criminoso, indicando a autoria e materialidade) e periculum libertatis (contemporânea urgência da medida) (CATTANI, 2020, p. 60). Além do que, é preciso mostrar o não cabimento de outras medidas cautelares diversão da prisão, em consonância com o rol não taxativo dos arts. 319 e 320 do CPP.

Em que pese o art. 84 prever que o pedido de prisão cautelar deverá ser feito previamente ou conjuntamente com o pedido de extradição, pugna-se pelo entendimento de que o pedido poderá ser feito em qualquer fase do processo, uma vez que se trata de medida cautelar e não procedimental, desde que demonstrada a necessidade da prisão (CATTANI, 2020, p. 56).

---

17      "Art. 27. O asilo político, que constitui ato discricionário do Estado, poderá ser diplomático ou territorial e será outorgado como instrumento de proteção à pessoa".

18      "O refúgio é concedido ao imigrante por fundado temor de perseguição por motivos de raça, religião, nacionalidade, grupo social ou opiniões políticas. Enquanto tramita o processo de refúgio, pedidos de expulsão ou extradição ficam suspensos. O refúgio tem diretrizes globais definidas e possui regulação pelo organismo internacional ACNUR – Alto Comissariado das Nações Unidas para os Refugiados. No Brasil, a matéria é regulada pela Lei nº 9.474, de 22 de julho de 1997, que criou o Comitê Nacional para os Refugiados – CONARE; a Convenção das Nações Unidas sobre o Estatuto dos Refugiados, de 28 de julho de 1951 (dec. 70.946/1972); e, em 2017, o Decreto 9.199/2017 que regulamenta a Lei de Migração, dispôs um Capítulo sobre a matéria" (CATTANI, 2020, p. 41).

A finalidade especial da prisão cautelar em extradição é assegurar a executoriedade da medida de extradição. Caberá ao STF o julgamento do pedido e o Ministério Público Federal deverá ser ouvido previamente à decisão, como fiscal da lei (CATTANI, 2020, p. 57).

A possibilidade de outras medidas cautelares diversas da prisão encontra guarida na Lei de Migração no art. 86, cujo qual prevê a prisão domiciliar, a prisão de albergue e outras medidas cautelares. Não se presume a necessidade da prisão cautelar, só podendo ser determinada quando não for cabível a substituição por outra medida cautelar (CATTANI, 2020, p. 71).

O art. 87 da Lei de Migração permite que o extraditando se entregue voluntariamente ao Estado requerente, configurando-se uma extradição voluntária. Contudo, é exigido que o extraditando declare expressamente a sua voluntariedade, esteja assistido por um advogado e seja advertido que tem direito ao processo de extradição e a proteção que tal direito encerra, quer seja a garantia dos seus direitos fundamentais diante da sua condição de estrangeiro. Ao final, caberá ao Supremo Tribunal Federal decidir a questão.

À Autoridade Central – AC caberá receber o pedido de extradição e examinar a presença dos pressupostos formais de admissibilidade exigidos na Lei de Migração e em tratados para, então, encaminhá-lo ao Poder Judiciário, pelo que terá início a fase judicial (art. 89). Não preenchidos os pressupostos formais de admissibilidade, o pedido será arquivado pela AC, mediante decisão fundamentada. O Estado requerente, neste caso, poderá requerer novamente a extradição, devidamente instruído e com a superação do óbice apontado.

O art. 90 da Lei de Migração prescreve que nenhuma extradição será concedida sem prévio pronunciamento sobre a sua legalidade e procedência, não cabendo recurso da decisão. Nota-se a obrigatoriedade da fase judicial, que deverá conferir ao extraditando o seu direito de defesa, assim como a formação de coisa julgada material acerca do pronunciamento judicial pelo STF, não havendo a previsão de recurso cabível para a impugnação da decisão, apenas dos embargos declaratórios e dos agravos regimentais, na forma do

Regimento Interno do STF.[19] Se houver negativa da extradição na fase judicial, não caberá novo pedido baseado no mesmo fato (art. 94).

Ao receber o pedido, o Ministro Relator designará dia e hora para o interrogatório do extraditando e, conforme o caso, nomear-lhe-á curador ou advogado, se não tiver (art. 91). A defesa do extraditando deverá ser apresentada no prazo de 10 dias contado da data do interrogatório e versará apenas sobre a identidade da pessoa reclamada, defeito de forma de documento apresentado ou ilegalidade da extradição[20]. Tendo em vista a adoção do sistema de contenciosidade limitada, o âmbito de matérias que poderão ser alegadas será restrito. Independente disto, a defesa deverá ser técnica, elaborada por advogado, devendo ser fundamentada a decisão em todos os pontos alegados pela defesa, em respeito ao direito de defesa conferido constitucionalmente.

Não estando o processo devidamente instruído, o julgamento poderá ser convertido em diligência para o suprimento da falta, a requerimento do Ministério Público, que terá o prazo improrrogável de 60 dias para suprir a falta, após o qual o pedido será julgado independentemente da diligência (§2º e §3º do art. 91).

---

19     "A ação de extradição é de natureza constitutiva, objetivando a formalização de um título que autoriza o Poder Executivo a entregar um estrangeiro a outro país soberano para responsabilizá-lo pela prática de um crime. Essa autorização do STF não vincula, contudo, o Poder Executivo, que goza de discricionariedade para examinar a conveniência e a oportunidade da medida. No entanto, se o STF negar o pedido de extradição, não poderá o Poder Executivo extraditar o estrangeiro, por maior que seja o seu interesse e compromisso politicamente assumido com o país requerente" (BITENCOURT, 2020, p. 533).

20     "A ilegalidade do pedido é, de fato, o lugar da defesa para denunciar crimes políticos, de opinião, tribunais de exceção, penas desumanas, crimes que não encontram amparo com o sistema brasileiro, prescrição da pena, inimputabilidade, inexistência do direito de defesa no julgado de origem, etc" (CATTANI, 2020, p. 91).

Julgada procedente a extradição e autorizada a entrega pelo órgão competente do Poder Executivo, o ato será comunicado por via diplomática ao Estado requerente, tendo o Estado brasileiro o prazo improrrogável de 60 dias para retirar o extraditando do território nacional (art. 92). Ressalta-se que atualmente prevalece o entendimento que o Presidente da República, como chefe de Estado, tem o poder discricionário para decidir se acata ou não a decisão do STF que concede a extradição.

Se o extraditando não for entregue ao Estado requerente no prazo de 60 dias, todas as medidas restritivas de liberdade que recaiam sobre ele deverão ser afastadas, o que inclui a prisão preventiva e as medidas cautelares diversas da prisão. A justificativa para esse dispositivo do art. 93 da Lei de Migração é a de que a liberdade é a regra, devendo haver motivos que sustentem a necessidade de qualquer medida restritiva da liberdade (CATTANI, 2020, p. 97).

Caso o extraditando esteja sendo processado ou tiver sido condenado, no Brasil, por pena punível com pena privativa de liberdade, a extradição será executada somente após a conclusão do processo ou da execução da pena (art. 95). Em caso de o extraditando estar acometido de enfermidade grave atestada por laudo oficial, a extradição poderá ser adiada (§1º). Se o crime pelo qual o extraditando esteja respondendo ou tenha sido condenado for infração de menor potencial ofensivo, a entrega poderá ser imediatamente efetivada (§2º). O Judiciário poderá liberar antecipadamente o extraditando quando o crime cometido no exterior for de maior gravidade, internamente haver a concessão da progressão de pena para o regime semi-aberto ou aberto, ou quando o regime inicial for diverso do fechado (CATTANI, 2020, p. 102).

# A HIPÓTESE CONSTITUCIONAL DE NÃO CONCESSÃO DE EXTRADIÇÃO PASSIVA A ESTADO VIOLADOR DO DEVIDO PROCESSO LEGAL, SEGUNDO A JURISPRUDÊNCIA DO STF

Sustentar-se-á, neste tópico, a hipótese da não concessão de extradição passiva a Estado violador do devido processo legal, com fundamento decorrente da Constituição, mais especificamente do art. 4º, II, da CRFB/88, que apregoa a prevalência dos direitos humanos como princípio das relações internacionais do Brasil, e art. 5º e incisos da CRFB/88, que elencam os direitos e garantias fundamentais integrantes da condição jurídica do estrangeiro no país.

A jurisprudência do Supremo Tribunal Federal tem sido receptivo a essa hipótese, tendo deixado, pelo menos desde a década de 1960, de conceder extradição passiva aos Estados de Cuba, Turquia e China sob a alegação de ausência de garantia de respeito ao devido processo legal aos extraditandos.

Em todos os casos selecionados, a não concessão da extradição teve por fundamento diretamente a Constituição, mas vale destacar que, na Extradição nº 524-3, foi exposto o entendimento pelo Ministro Relator, Celso de Mello, diante da alegação de que o extraditando seria submetido a um tribunal de exceção, a impedir a concessão da extradição diante do impeditivo do inciso VIII do art. 77 do revogado Estatuto do Estrangeiro (atualmente a Lei de Migração contém a mesma previsão no inciso VIII do art. 82), que o conceito de tribunal de exceção admite configuração mais ampla, abrangendo não apenas os tribunais criados ex post facto, como também os tribunais regulares, desde que caracterizada a supressão do devido processo legal ao réu[21]. A extradição

---

21    "A perspectiva – inocorrente no caso concreto – de submissão do extraditando a tribunal de exceção, qualquer que seja a noção conceitual que lhe se atribua, veda, de modo absoluto, a possibilidade de deferimento do pedido extradicional. A noção

foi indeferida neste caso diante da existência de vícios formais em desacordo com o Estatuto do Estrangeiro e com o Tratado de Extradição firmado entre Brasil e Paraguai.

No julgamento da Extradição nº 811-1, tendo por Estado requerente o Peru, estabelece que o respeito aos direitos humanos constitui vetor interpretativo a orientar o Supremo Tribunal Federal nos processos de extradição passiva. O fato de o Brasil adotar o sistema de contenciosidade limitada, que impede a apreciação de questões relativas ao mérito da imputação penal do extraditando, não representa obstáculo à análise de alegações de ofensa aos direitos básicos da pessoa humana, sempre passíveis de máxima proteção constitucional[22].

---

de tribunal de exceção admite, para esse efeito, configuração conceitual mais ampla. Além de abranger órgãos estatais criados ex post facto, especialmente instituídos para o julgamento de determinadas pessoas ou de certas infrações penais, com evidente ofensa ao princípio da naturalidade do juízo, também compreende os tribunais regulares, desde que caracterizada, em tal hipótese, a supressão, em desfavor do réu, de qualquer das garantias inerentes ao devido processo legal. A possibilidade de privação, em juízo penal, do due process of law, nos múltiplos contornos em que se desenvolve esse princípio assegurador de direitos e da própria liberdade do acusado – garantia de ampla defesa, garantia do contraditório, igualdade entre as partes perante o juiz natural e garantia da imparcialidade do magistrado processante – impede o válido deferimento do pedido extradicional (Ext 524, Relator(a): CELSO DE MELLO, Tribunal Pleno, julgado em 31/10/1990, DJ 08-03-1991 PP-02200 EMENT VOL-01610-01 PP-00058 RTJ VOL-00134-01 PP-00056)".

22      "Cabe advertir que o dever de cooperação internacional na repressão às infrações penais comuns não exime o Supremo Tribunal Federal de velar pela intangibilidade dos direitos básicos da pessoa humana, fazendo prevalecer, sempre, as prerrogativas fundamentais do extraditando, que ostenta a condição indisponível de sujeito de direitos, impedindo, desse modo, que o súdito estrangeiro venha a ser entregue a um Estado cujo ordenamento jurídico não se revele capaz de assegurar, aos réus, em juízo criminal, a garantia plena de um julgamento imparcial, justo, regular e independente ("fair trail"), com todas as prerrogativas inerentes à cláusula do "due process f law" (Ext 633/China, Rel. Ministro CELSO DE MELLO), tais como

Por não entender que o Estado requerente violava os direitos humanos, a extradição passiva foi concedida.

Na Extradição nº 986/Bolívia, houve a análise de se a instabilidade política do Estado requerente, manifestada pela remoção arbitrária de juízes da Suprema Corte, bem como a nomeação de outros em seu lugar sem as devidas garantias da magistratura, poderia ensejar uma situação em que o devido processo legal deixa de estar garantido. O Ministro Gilmar Mendes, em voto, manifestou a problemática do caso em análise da seguinte forma:

> *"Assim, ao participar do julgamento no Plenário, naquela assentada de 31 de maio de 2007, de pedido de extradição por parte do Governo da Bolívia, considerei a relevância de levar à discussão desta Corte a capacidade de o Estado requerente assegurar ao extraditando, diante os fatos narrados, seus direitos fundamentais básicos.*
>
> *Isso por considerar essencial que, nas decisões concessivas de extradição, sejam mantidos e observados os parâmetros do devido processo legal, do estado de direito e dos direitos humanos, fundamentalmente.*
>
> *A doutrina alemã cunhou a expressão "Justizgrundretche" para se referir a um elenco de proteções constantes da Constituição, que tem por escopo proteger o indivíduo no contexto do processo judicial. Sabe-se que a expressão é imperfeita, uma vez que muitos desses direitos transcendem a esfera propriamente judicial.*

---

proclamadas e reconhecidas na Constituição do Brasil e nas convenções internacionais subscritas pela República Brasileira (Ext 811, Relator(a): CELSO DE MELLO, Tribunal Pleno, julgado em 04/09/2002, DJ 28-02-2003 PP-00009 EMENT VOL-02100-01 PP-00028)".

*À falta de outra denominação genérica, também nós*
*optamos por adotar designação assemelhadas – direitos*
*fundamentais de caráter judicial e garantias constitucionais*
*do processo -, embora conscientes de que se cuida de uma*
*denominação que também peco por imprecisão (Ext. 986,*
*Relator(a): EROS GRAU, Tribunal Pleno, julgado em*
*15/08/2007, DJe-117 DIVULG 04-10-2007 PUBLIC 05-10-*
*2007 DJ 05-10-2007 PP-00021 EMENT VOL-02292-01 PP-*
*00030)".*

Observa-se, então, que a jurisprudência do STF caminha no sentido de deferir a extradição passiva apenas se houver a garantia de respeito aos direitos humanos, em especial do devido processo legal, independentemente se entre o Brasil e o Estado requerente houver Tratado de Extradição ou Declaração Diplomática, a considerar que a Constituição Federal visa a garantir os direitos fundamentais a todas as pessoas, sejam elas naturais ou estrangeiras, por conta disso não teria como conceder extradição à pessoa que sabidamente não terá seus direitos e garantias respeitados. No processo de Extradição nº 986, a extradição foi concedida segundo o entendimento que a situação que poria em risco o respeito à garantia do devido processo legal foi solucionada pelo Estado da Bolívia.

Na Extradição nº 1461/Reino Unido, o STF procurou estabelecer para avaliar se a eventual violação de direitos humanos por parte do Estado requerente é suficiente para a não concessão, partindo do pressuposto de que:

*"As hipóteses legalmente previstas podem ser expandidas*
*pela jurisprudência para atender ao respeito a direitos*
*mínimos do extraditando. Não se trata, no entanto de exigir*
*que todas as garantias fundamentais do catálogo de direitos*
*brasileiro sejam rigorosamente observadas em escala mundial.*
*Trata-se de exigir respeito a direitos humanos, considerando*

*não apenas os parâmetros adotados no país, mas também aqueles aceitos pela comunidade internacional (Ext 1.461, Relator(a): GILMAR MENDES, Segunda Turma, julgado em 04/10/2016, ACÓRDÃO ELETRÔNICO DJe-226 DIVULG 21-10-2016 PUBLIC 24-10-2016)".*

O Ministro Relator Gilmar Mendes, diante disso, propôs os seguintes vetores para a observância dos direitos humanos:

*"(i) a importância do direito supostamente violado em nosso ordenamento jurídico; (ii) o grau de reconhecimento do direito supostamente violado, como direito humano, pela comunidade internacional; (iii) o impacto da suposta violação no caso concreto; (iv) a efetiva prova da violação, ou de razões fundadas para crer que ela ocorrerá, caso a entrega se perfectibilize (Ext. 1461, p. 07)".*

Os vetores estabelecidos, embora expressamente reconheçam que não se deve garantir a proteção completa em termos de direitos fundamentais ao extraditando, não violam a peculiar condição jurídica do estrangeiro prevista na Constituição Federal de 1988, onde há a diferenciação de direitos entre o nacional brasileiro e o estrangeiro, em que os direitos deste podem sofrer restrições.

No julgamento da Extradição nº 232/Cuba, cuja publicação ocorreu em 17/12/1962, houve o indeferimento da extradição passiva sob o fundamento de ausência de garantia do devido processo legal. O Estado requerente havia pouco tempo antes passado por uma situação revolucionária que instaurou um novo regime, entendendo na época o STF, a julgar por fatos notórios sobre como foi desencadeada esta situação revolucionária, não haveria a convicção de que seria regular e de plenas garantias o julgamento a que seria submetido o extraditando (Ext. 232, p. 24). A ausência do devido processo legal não seria, portanto, oriunda de uma supressão formal, mas por efeito de fatores circunstanciais[23].

Foi possível observar, mais uma vez, o entendimento de que a ausência de garantia do devido processo legal ao extraditando caracterizaria sujeição à tribunal de exceção, hipótese prevista no inciso VIII do art. 82 da Lei de Migração, no julgamento da Extradição nº 1.578/Turquia. No caso, o indeferimento da extradição deu-se também pelos incisos II (o fato que motivar o pedido não for considerado crime no Brasil ou no Estado requerente) e VII (o fato constituir crime político ou de opinião). A justificação acerca de o extraditando poder ser submetido à tribunal de exceção decorre de forte instabilidade política, demissão de juízes e a prisão de opositores do Estado requerente (Ext 1.578, p. 19). Nestas circunstâncias, não seria possível a garantia do devido processo legal ao extraditando, a caracterizar um tribunal de exceção, porque, mesmo diante de um julgamento perante um tribunal regular, não seria possível oferecer um julgamento justo e imparcial e por juiz independente ao extraditando (Ext. 1.578, p. 23).

No processo de Extradição nº 1.442/China, o indeferimento da extradição teve, como ratio decidendi, a possibilidade de o Estado requerente

---

23      "EMENTA: 1) A situação revolucionária de Cuba não oferece garantia para um julgamento imparcial do extraditando, nem para que se conceda a extradição com a ressalva de não se aplicar a pena de morte. 2) A tradição liberal da América Latina na concessão de asilo por motivos políticos. 3) Falta de garantias considerada não somente pela supressão ou suspensão, mas também por efeito de fatores circunstanciais. 4) A concessão do asilo diplomático ou territorial não impede, só por si, a extradição, cuja procedência é apreciada pelo Supremo Tribunal, não pelo governo. 5) Conceituação de crime político proposta pela Comissão Jurídica Interamericana, do Rio de Janeiro, por incumbência da IV Reunião do Conselho Interamericano de Jurisconsultos (Santiago do Chile, 1949), excluindo "atos de barbaria ou vandalismo proibidos pelas leis de guerra, ainda que "executados durante uma guerra civil, por uma ou outra das partes" (Ext 232, Relator(a): Victor Nunes Leal, Sessão Plenária, Data de Julgamento: 09/10/1961, Data de Publicação: 17/12/1962)".

impor penas de prisão perpétua ou de morte, formas de punição vedadas constitucionalmente, na forma do art. 5º, XLVII, da CF/88, e por ausência de garantia do devido processo legal. O ponto-chave para o indeferimento pelos motivos elencados se deve ao fato de o país adotar um regime totalitário, caracterizado pela centralização de poder e desrespeito aos direitos humanos.

Havia a possibilidade, pela legislação penal da República Popular da China, de imposição de prisão perpétua ou pena de morte, situações cujas quais o Estado brasileiro não concede extradição, a menos que o Estado requerente assuma o compromisso formal de comutar essas penas. No caso em questão, ao contrário de outras vezes (ver Ext. 1.424), a China não assumiu o compromisso de comutar a pena caso excedesse o máximo permitido no Brasil, porém o indeferimento teve como justificativa a inviabilidade de fiscalização do compromisso de comutação pelos agentes diplomáticos brasileiros, em razão da conjuntura político-institucional no país (Ext. 1.442, p. 22).

Por seu turno, a ausência de garantia do devido processo legal foi justificada pela incapacidade de o Poder Judiciário Chinês conter eventuais ações arbitrárias que possam comprometer a observância da garantia básica que outorga a qualquer réu criminal o direito a um julgamento justo e regular (Ext. 1.442, p. 31). O extraditando, adotando-se o vetor de respeito aos direitos humanos, constitui-se em um sujeito de direitos indisponíveis relativos à sua condição como pessoa humana, não podendo o Estado brasileiro negligenciá-los a fim de satisfazer as pretensões de um Estado requerente que não tem o mesmo compromisso[24].

---

24 "Ainda são profundas as restrições impostas pelo ordenamento jurídico chinês ao regime das liberdades públicas que permitem qualificar a República Popular da China como um Estado totalitário no qual o Partido Comunista Chinês constitui a fonte mais importante de poder, circunstância essa que revela a existência, naquele país, de inúmeros abusos cometidos por autoridades governamentais contra os direitos básicos das pessoas, relacionando-se, entre várias outras, as seguintes situações de flagrante anormalidade: detenções arbitrárias; regime de incomunicabilidade por períodos muito prolongados; confissões obtidas mediante violência; prática da tortura;

Por estes julgados do Supremo Tribunal Federal, que representam uma amostra dos processos de extradição passiva, a refletir a posição dominante da jurisprudência relativa à possibilidade da não concessão de extradição quando o Estado requerente for violador do devido processo legal, é possível concluir que, para além das hipóteses expressas do art. 82 da Lei 13.445/2017, há a hipótese oriunda diretamente da Constituição de não concessão de extradição se houver a possibilidade de desrespeito aos direitos humanos do extraditando ao ser submetido à justiça do Estado requerente.

A Constituição de 1988 garante ao estrangeiro os direitos e garantias fundamentais previstos em seus texto. As diferenças do estrangeiro para o brasileiro nato deverão estar expressamente previstas na Constituição, como é possível observar em relação aos direitos políticos e à ocupação de cargos públicos. A diferenciação, por ventura, vinda por leis ou decretos decorrerá de previsão constitucional.

A ausência de garantia de respeito ao devido processo legal tem sido o principal ponto, mas não o único, para justificar a não concessão de extradição com base no respeito aos direitos fundamentais do extraditando. Há julgados que entendem que a violação do devido processo legal do extraditando se amolda à hipótese de julgamento por juízo ou tribunal de exceção (art. 82, VIII, da Lei de Migração), situação em que o fundamento jurídico para a não concessão de extradição é infraconstitucional. Tal entendimento baseia-se na aplicação de um conceito amplo de tribunal de exceção, que vai além da constituição de um tribunal ex post facto para um determinado julgamento,

---

execuções extrajudiciais; desaparecimento de pessoas; tratamento cruel e degradante dispensado pela polícia e por outros agentes da repressão; dificuldade de acesso dos indiciados e réus presos a seus advogados; impossibilidade de organizações humanitárias internacionais terem acesso ao universo concentracionário chinês; concessão de fiança criminal sujeita ao poder discricionário das autoridades incumbidas da segurança pública; recusa de julgamento público e justo (Ext 1.442, Relator(a): CELSO DE MELLO, Segunda Turma, julgado em 20/12/2019, ACÓRDÃO ELETRÔNICO DJe-022 DIVULG 04-02-2020 PUBLIC 05-02-2020 – trecho extraído da página 26)".

abrangendo as hipóteses de um tribunal constituído regularmente aplicar a lei de maneira arbitrária, a fim de infligir uma punição penal incompatível com os direitos humanos.

Mesmo diante da rica fundamentação de tal entendimento, não parece que, para a proteção adequada dos direitos fundamentais do estrangeiro, a melhor solução seja enquadrar a ausência de garantia de respeito ao devido processo legal como hipótese de submissão a juízo ou tribunal de exceção. O devido processo legal concretiza-se pelo respeito a uma série de direitos e garantias processuais, sendo, desta maneira, inadequado tratar todas as violações destes direitos como manifestação de um julgamento de exceção.

Nos julgamentos analisados, os Estados requerentes manifestavam desrespeito ao devido processo legal por um déficit democrático oriundo de diferentes situações políticas. Todavia, questões preponderantemente políticas não são, a priori, as únicas que podem provocar desrespeito ao devido processo legal. O Brasil, inclusive, é um bom exemplo, uma vez que, apesar de uma consolidação política democrática, questões sociais muitas vezes impedem a oportunização a um acusado da prática de infração penal o devido processo legal adequado.

Conclui-se, a partir da sustentação apresentada, que a não concessão de extradição a um Estado violador do devido processo legal deve ter por fundamento jurídico a Constituição Federal, com base na condição jurídica do estrangeiro como titular de direitos fundamentais.

# CONSIDERAÇÕES FINAIS

A extradição passiva se configura como um meio de cooperação jurídica internacional em matéria penal em que um Estado soberano entrega um indivíduo a outro Estado soberano para que esta pessoa possa, a depender do caso: ser investigada criminalmente, responder a um processo penal e cumprir uma pena imposta em sentença penal condenatória.

No Brasil, este instituto é previsto pelos artigos 81 e seguintes da Lei nº 13.445/2017. A Constituição Federal estabelece a condição jurídica do estrangeiro, estabelecendo ser ele detentor dos mesmos direitos fundamentais conferidos ao brasileiro nato, e as diferenças deverão estar estabelecidas na Constituição e especificadas eventualmente na legislação infraconstitucional.

A jurisprudência do Supremo Tribunal Federal consolidou-se no sentido de não conceder a extradição a Estado que não apresente condições de garantir o respeito ao devido processo legal.

O entendimento minoritário da questão é o de que o não respeito ao devido processo legal origina a situação de julgamento de exceção, motivo pelo qual o indeferimento do pedido deveria ocorrer pelo inciso VIII do art. 82 da Lei de Migração.

De outra ponta, o entendimento majoritário do Supremo Tribunal Federal tem sido no sentido de que a ausência de garantias pelo Estado requerente de respeito ao devido processo legal é uma situação que viola os direitos e garantias fundamentais do estrangeiro que devem ser garantidos pela Constituição Federal, motivo pelo qual o indeferimento tem por fundamento jurídico a Constituição Federal.

Sustenta-se que a posição de que o extraditando que não tem o devido processo legal respeitado no Estado requerente da extradição submete-se a julgamento de exceção não é suficientemente garantidora dos direitos fundamentais, uma vez que o devido processo legal é uma garantia constitucional ampla, que agrega vários direitos fundamentais. Mais adequado à condição jurídica do estrangeiro conferida pela Constituição Federal de 1988 é a de considerar que a ausência de garantia do devido processo legal é uma hipótese especificamente constitucional para a não concessão de extradição passiva.

# REFERÊNCIAS

ACCIOLY, Hildebrando et al. Manual de Direito Internacional Público. 20ª Edição. São Paulo. Editora Saraiva, 2012.

BITENCOURT, Cezar Roberto. Tratado de Direito Penal volume I. 26ª Edição. São Paulo. Editora Saraiva Educação, 2020.

BRASIL. Constituição Federal. Consultado em: http://www.planalto.gov. br/ccivil_03/constituicao/constituicao.htm. Acesso em: 25/03/2021.

BRASIL. Código Penal. Consultado em: http://www.planalto.gov.br/ ccivil_03/decreto-lei/del2848compilado.htm. Acesso em: 12/03/2021.

BRASIL. Código de Processo Penal. Consultado em: http://www.planalto. gov.br/ccivil_03/decreto-lei/del3689.htm. Acesso em: 18/03/2021.

BRASIL. Lei nº 9.474/1997. Consultado em: http://www.planalto.gov. br/ccivil_03/leis/l9474.htm#:~:text=LEI%20N%C2%BA%209.474%2C%20 DE%2022,1951%2C%20e%20determina%20outras%20provid%C3%AAncias. Acesso em: 10/03/2021.

BRASIL. Lei nº 13.445/2017. Consultado em: http://www.planalto.gov.br/ ccivil_03/_ato2015-2018/2017/lei/l13445.htm. Acesso em: 10/03/2021.

BRASIL. Decreto nº 9.662/2019. Consultado em: https://presrepublica. jusbrasil.com.br/legislacao/671147267/decreto-9662-19. Acesso em: 12/03/2021.

BRASIL. Ministério da Justiça e Segurança Pública. Portaria 217/2018. Consultado em: https://www.in.gov.br/materia/-/asset_publisher/ Kujrw0TZC2Mb/content/id/4712381/do1-2018-02-28-portaria-n-217-de-27-de-fevereiro-de-2018-4712377. Acesso em: 15/03/2021.

BRASIL. Ministério da Justiça e Segurança Pública. Autoridade Central. Consultado em: https://www.justica.gov.br/sua-protecao/cooperacao-internacional/autoridade-central-1#:~:text=A%20Autoridade%20Central%20

%C3%A9%20um,e%20%C3%A0%20celeridade%20desses%20pedidos. Acesso em 29/03/2021.

BRASIL. Ministério da Justiça. Secretaria Nacional de Justiça. Manual de Extradição. Brasília, 2012.

CATTANI, Frederico. Extradição: artigo por artigo. 1ª Edição. Porto Alegre. Editora Simplíssimo, 2020.

JAPIASSÚ, Carlos Eduardo. Temas de Direito Internacional Público. Rio de Janeiro. Editora Jorge Luis Fortes Pinheiro da Camara, 2014. Edição Kindle.

LENZA, Pedro. Direito Constitucional Esquematizado. 22ª Edição. São Paulo. Editora Saraiva Educação, 2018.

MAZZUOLI, Valéria de Oliveira. Curso de Direito Internacional Público. 12ª Edição. Rio de Janeiro. Editora Forense, 2019.

NUCCI, Guilherme de Souza. Manual de Direito Penal. 12ª Edição. Rio de Janeiro. Editora Forense, 2016.

SARLET, Ingo Wolfgang et al. Curso de Direito Constitucional. 7ª Edição. São Paulo. Editora Saraiva Educação, 2018.

SUPREMO TRIBUNAL FEDERAL. Extradição nº 232. Relator(a): Ministro Victor Nunes Leal. Órgão Julgador: Tribunal Pleno. Data de Julgamento: 09/10/1961. Data de Publicação: 17/12/1962. Consultado em: http://redir.stf. jus.br/paginadorpub/paginador.jsp?docTP=AC&docID=324489. Acesso em: 25/03/2021.

SUPREMO TRIBUNAL FEDERAL. Extradição nº 524. Relator(a): Ministro Celso de Mello. Órgão Julgador: Tribunal Pleno. Data de Julgamento: 31/10/1990. Consultado em: http://redir.stf.jus.br/paginadorpub/paginador. jsp?docTP=AC&docID=324746. Acesso em: 26/03/2021.

SUPREMO TRIBUNAL FEDERAL. Extradição nº 634. Relator(a): Ministro Francisco Rezek. Órgão Julgador: Tribunal Pleno. Data de Julgamento: 30/03/1995. Data de Publicação: 15/09/1995. Consultado em: http://redir.stf.

jus.br/paginadorpub/paginador.jsp?docTP=AC&docID=324837. Acesso em: 26/03/2021.

SUPREMO TRIBUNAL FEDERAL. Extradição nº 811. Relator(a): Ministro Celso de Mello. Órgão Julgador: Tribunal Pleno. Data de Julgamento: 04/09/2002. Data de Publicação: 28/02/2003. Consultado em: http://redir.stf. jus.br/paginadorpub/paginador.jsp?docTP=AC&docID=324971. Acesso em: 27/03/2021.

SUPREMO TRIBUNAL FEDERAL. Extradição nº 866. Relator(a): Ministro Celso de Mello. Órgão Julgador: Tribunal Pleno. Data de Julgamento: 17/12/2003. Data de Publicação: 13/02/2004. Consultado em: http://redir.stf. jus.br/paginadorpub/paginador.jsp?docTP=AC&docID=325010. Acesso em: 28/03/2021.

SUPREMO TRIBUNAL FEDERAL. Extradição nº 986. Relator(a): Ministro Eros Grau. Órgão Julgador: Tribunal Pleno. Data de Julgamento: 15/08/2007. Data de Publicação: 05/10/2007. Consultado em: http://redir. stf.jus.br/paginadorpub/paginador.jsp?docTP=AC&docID=489856. Acesso: 24/03/2021.

SUPREMO TRIBUNAL FEDERAL. Extradição nº 1.085. Relator(a): Ministro Cezar Peluso. Órgão Julgador: Tribunal Pleno. Data de Julgamento: 16/12/2009. Data de Publicação: 16/04/2010. Consultado em: http://redir.stf. jus.br/paginadorpub/paginador.jsp?docTP=AC&docID=610034. Acesso em 10/03/2021.

SUPREMO TRIBUNAL FEDERAL. Extradição nº 1.442. Relator(a): Ministro Celso de Mello. Órgão Julgador: Segunda Turma. Data de Julgamento: 20/12/2019. Data de Publicação: 05/02/2020. Consultado em: http://redir.stf. jus.br/paginadorpub/paginador.jsp?docTP=TP&docID=751914248. Acesso em: 28/03/2021.

SUPREMO TRIBUNAL FEDERAL. Extradição nº 1.461. Relator(a): Ministro Gilmar Mendes. Órgão Julgador: Segunda Turma. Data de Julgamento: 04/10/2016. Data de Publicação: 24/10/2016. Consultado em: http://redir.stf.

jus.br/paginadorpub/paginador.jsp?docTP=TP&docID=11908164.    Acesso: 28/03/2021.

SUPREMO TRIBUNAL FEDERAL. Extradição nº 1578. Relator(a): Ministro Edson Fachin. Órgão Julgador: Segunda Turma. Data de Julgamento: 06/08/2019. Data de Publicação: 20/02/2020. Consultado em: http://redir.stf. jus.br/paginadorpub/paginador.jsp?docTP=TP&docID=752043150.    Acesso em: 18/03/2021.

# MANDADO MERCOSUL DE CAPTURA

Autora:

Maria Edna Alves Ribeiro

## RESUMO

A globalização e a abertura das fronteiras, trouxeram grande movimentação de pessoas, bens e capitais, como também o aumento do trânsito de indivíduos que cometem crime em um país e, se deslocam para outro, especialmente, com vistas à impunidade. Assim, o principal objetivo é pesquisar sobre o Mandado MERCOSUL de Captura com ênfase a sua situação. Mandado este, de grande relevância para a concretização do aprisionamento e entrega de pessoa procurada pela justiça, para ser processada ou cumprir pena. A abordagem teórica é introduzida pelo Direito Penal Internacional e a importância da cooperação jurídica internacional, seguida por sistematização do Acordo do mandado. A partir dele, considerações a respeito de elementos que implicam na sua efetividade e, por fim, situação desse mecanismo. Até porque, apesar de firmado em 2010, até o momento o Mandado MERCOSUL de Captura não entrou em vigor, mesmo constituindo grande avanço para a cooperação jurídica internacional em matéria penal.

Palavras - Chave: Cooperação internacional. MERCOSUL. Mandado MERCOSUL de Captura.

# INTRODUÇÃO

O Direito Penal Internacional, o qual diz respeito aos crimes estabelecidos na seara interna, bem como as respectivas penas, tem evoluído bastante nos últimos anos, causando impacto no setor jurídico-penal interno e externo.

Advindo dos crimes internacionais, o Direito Penal Internacional, surgiu após a 2ª Guerra Mundial, momento em que foram inseridas novas regras de convivência no âmbito internacional. Sua consolidação ocorreu com o Estatuto do Tribunal Penal Internacional (1998), tribunal permanente que, com visão pós-moderna, passou a responsabilizar o indivíduo.

Por sua vez, a globalização trouxe inovações desafiadoras e tornou internacional situações que antes eram consideradas como locais, ganhando nova perspectiva. Houve aumento da movimentação de pessoas e de informações dando origem a novas relações e desenvolvimento econômico, social e cultural.

O mundo se modificou devido a globalização e da "integração regional" fazendo aparecer e crescer uma nova forma de criminalidade, dita transnacional, com desrespeito às fronteiras dos Estados, passando a impressão de insegurança jurídica pela facilidade de movimentação dos criminosos e dos produtos do delito (Russowsky, 2012).

Com o desenvolvimento global também aumenta a criminalidade transnacional e organizações criminosas que procuram fortalecer suas práticas delituosas, em áreas favoráveis pela flexibilidade fronteiriça, déficit de regulamento e controle das autoridades que aplicam as normas, além da facilidade e instantaneidade da circulação e comunicação. Tais situações facilitam também o trânsito de pessoas que são procuradas para responder a processo ou para cumprir pena decorrente de sentença criminal.

Para conter a impunidade dos crimes transfronteiriços e fazer com que as pessoas procuradas pela justiça respondam a processo penal, além da investigação dos crimes transnacionais, como tráfico internacional de pessoas, tráfico de drogas ilícitas, armas, corrupção, lavagem de dinheiro, dentre tantos outros, torna-se necessária a contribuição de autoridades de outros Estados, seja para coleta de provas, captura de foragidos, extradição ou demais atos necessários à justiça.

À medida que a sociedade evolui econômica e socialmente, as organizações criminosas buscam mais aparatos e tecnologias na tentativa de obterem mais lucros e driblarem a justiça. Panorama em que a cooperação internacional se faz imprescindível para agilizar o processo de prisão e entrega de pessoas foragidas da justiça. Destarte, contribuindo para o enfrentamento a criminalidade transnacional, como também para que crimes não fiquem impunes.

O crime organizado tem se expandido e se modernizado cada vez mais, surgindo novos mecanismos para fortalecimento e prática de delitos, sendo imperiosa a cooperação jurídica internacional para a repressão e prevenção de crimes.

A cooperação jurídica internacional na área penal teve início com a morosa e burocrática extradição, desde os tempos remotos, em um cenário totalmente diverso do mundo contemporâneo.

Mas, o que é cooperar?

Para Macorin, "Cooperar significa trabalhar em conjunto, compartilhar de um mesmo objetivo, colaborar" (Macorin , 2019, p. 20).

Por sua vez, Bechara (2011) qualifica o instituto da cooperação jurídica internacional como mecanismo processual para a produção da prova no âmbito externo, com um parâmetro de leis global para imprimir maior eficiência. E, acrescenta que isso ocorre com a superação dos relevantes entraves na composição da tarefa comprovativa e no seguimento assistencial, citando como empecilhos, a dissemelhança das ordenações jurídicas e a exigência de resguardar a soberania e manter a ordem pública interna.

Já Abade (2013, p. 11) define a cooperação internacional como "Conjunto de medidas e mecanismos pelos quais órgãos competentes dos Estados solicitam a prestar auxílio recíproco para realizar, em seu território, atos pré-processuais ou processuais que interessem à jurisdição estrangeira na esfera criminal."

Entende, em síntese, que "a cooperação jurídica internacional em matéria penal consagra um conjunto de regras que rege a facilitação do direito de acesso à justiça penal, por meio de colaboração entre Estados" (Abade, 2013, p. 11).

Nesse cenário, a cooperação jurídica internacional na área penal, aumenta em importância, como instrumento necessário e capaz de colaborar com os Estados no enfrentamento ao crime organizado transnacional, recuperando ativos ilícitos e apuração dos fatos a respeito de certo crime com algum componente transnacional, com conhecimento e correta aplicação, imprescindível para aplicação da lei e realização da justiça (Junior, 2019).

Atualmente, a busca é por diversificados institutos que visem aprimorar a cooperação jurídica com maior agilidade nas comunicações e simplificação dos procedimentos, porquanto com a moderna criminalidade transnacional, os métodos utilizados anteriormente não se mostram eficazes, sendo necessário a criação de novos mecanismos que atendam as demandas atuais.

A cooperação jurídica internacional penal é composta de vários instrumentos[1] que possibilitam aos Estados solicitarem ajuda recíproca para a realização extraterritorial de demandas judiciais criminais. Utilizando os instrumentos de cooperação internacional que, cada vez mais, devem ser fortalecidos para efetividade da persecução penal, os Estados buscam enfrentar o crime organizado transnacional.

A relevância da cooperação internacional tornou-se concreta e evidente na Operação Lava Jato[2], que envolveu 43 países e realizou 130 solicitações de

---

1    Os principais instrumentos de cooperação jurídica internacional em matéria penal são a Carta Rogatória, homologação de sentença estrangeira, auxílio direto, extradição, transferência de pessoas condenadas e transferência de processos penais.

2    Lava Jato é uma operação de enfrentamento à corrupção que transpôs fronteiras "físicas, políticas e fiscais do Brasil", além de abranger paraísos fiscais, como a Suíça. Sobre o tema ver: A cooperação jurídica internacional como ferramenta de

auxílio e recebeu 53, conseguindo a devolução de mais de 3 bilhões de reais aos cofres nacionais, informações estas de 2017 (Dallagnol, 2017).

Já conforme dados da Assessoria Jurídica do SCI/PGR, atualizados em 21 de janeiro de 2021, foram realizadas 597 solicitações a 58 países, sendo recebidas 653 de 41 países. Os pedidos estavam relacionados a investigações ou processos referentes a organizações criminosas e delitos de lavagem de capitais, ocultação de bens ou valores e corrupção (MPF - Ministério Público Federal, n.d).

Assim, resta evidente que a cooperação jurídica internacional exerce relevante papel de instrumento para a colaboração jurídica entre os Estados na repressão e, consequentemente, na prevenção à criminalidade transnacional. Atualmente, alcançando maior destaque, diante da globalização, por impulsionar e tornar mais rápida e eficaz a prestação jurisdicional.

Para Márcio Anselmo, a cooperação internacional em matéria penal constitui mecanismo eficaz no enfrentamento da nova criminalidade globalizada, que fixa suas atividades de acordo com a permissividade que os sistemas jurídicos lhe oferecem. Seu estudo, portanto, adquire cada vez mais relevo na atual sociedade globalizada. As ações cooperativas e o desempenho concomitante na esfera internacional são de substancial relevância no enfrentamento a ocorrência do complexo crime de lavagem de dinheiro (Anselmo, 2013).

Nesse cenário, o MERCOSUL (Mercado Comum do Sul) surge para aperfeiçoar a cooperação entre os Estados-Parte e impulsionar o progresso regional.

---

combate a corrupção: a "Operação Lava Jato" e o seu legado no Direito Internacional. Ver também: Souza, R., & Rocha, R. (2020). A cooperação jurídica internacional como ferramenta de combate à corrupção. Revista da Faculdade de Direito da UERJ.

Trata-se de organização intergovernamental que foi instituída pelo Tratado de Assunção (TA)/Paraguai, em 26 de março de 1991[3], tendo como fundadores e signatários, o bloco formado pela Argentina, Brasil, Paraguai e Uruguai, ora denominados Estados "Partes", além de países associados e países observadores. O MERCOSUL foi transformado em união aduaneira pelo Protocolo de Ouro Preto (Mercosur, n.d).

Tem como finalidade principal formar um bloco de integração regional dos países da América do Sul ampliando as relações no âmbito econômico, político e social, tendo como fundamento o princípio da reciprocidade de direitos e obrigações entre os Estados Partes.

A proposta inicial do MERCOSUL era restrita ao âmbito econômico e comercial, mas com o processo integrativo em andamento outras esferas de cunho social e humano foram incluídas, como, por exemplo, O Instituto de Políticas Públicas em Direitos Humanos do MERCOSUL (IPPDH), o Parlamento do MERCOSUL (PARLASUL) e o Tribunal Permanente de Revisão (TPR).

No tocante à captura de pessoas procuradas pela justiça, no âmbito do MERCOSUL, inspirado no modelo do Mandado de Detenção Europeu, foi assinado o acordo do Mandado MERCOSUL de Captura e entrega de pessoas que, dentre outros objetivos, visa intensificar o instituto da cooperação jurídica internacional na área penal e com isso, fortalecer a integração no enfrentamento a criminalidade organizada transnacional entre os países do MERCOSUL.

Tema este, objeto do presente trabalho, cujo objetivo principal é pesquisar sobre o Mandado MERCOSUL de Captura perpassando por situações que podem interferir em sua efetividade e, ainda, evidenciando a morosidade e necessidade de sua vigência.

---

3        Tratado de Assunção. Ver em:

http://www.planalto.gov.br/ccivil_03/decreto/D1901.htm.

# MANDADO MERCOSUL DE CAPTURA

O Mandado MERCOSUL de Captura é um instrumento muito importante para a cooperação jurídica internacional e o enfrentamento da criminalidade transnacional. Para a contextualização do tema, o conhecimento do Acordo é fundamental, por isso segue descrito sistematicamente.

## DO ACORDO SOBRE MANDADO MERCOSUL DE CAPTURA E PROCEDIMENTOS DE ENTREGA ENTRE OS ESTADOS PARTES DO MERCOSUL E ESTADOS ASSOCIADOS

O Acordo sobre Mandado Mercosul de Captura e Procedimentos de Entrega entre os Estados Partes do Mercosul e Estados Associados, (MERCOSUL/CMC/DEC. Nº 48/10), foi assinado na XL Reunião Ordinária do Conselho do Mercado Comum, realizada em Foz do Iguaçu, Paraná, em 16 de dezembro de 2010 e aprovado pelo Congresso Nacional, mediante o Decreto Legislativo nº 138, de 2018. Possui 22 artigos (Mercosur, n.d).

O art. 1º, trata da obrigação executória e define o Mandado Mercosul de Captura como uma decisão judicial em que uma das Partes, denominada Parte emissora, emite a ordem para que outra Parte, chamada executora, efetue a prisão e entrega da pessoa procurada, para responder por prática de delito ou cumprir pena privativa de liberdade, em conformidade com as disposições do referido Acordo e do Direito interno das Partes.

Já o art. 2º, apresenta definições de Parte Emissora, Parte Executora, Autoridade Judicial Competente, a qual é "competente no ordenamento jurídico interno de cada Parte para emitir ou executar um Mandado MERCOSUL de Captura". Além disso, estabelece como Autoridade Central aquela indicada por cada Parte, de acordo com sua legislação interna, para execução do procedimento do Mandado MERCOSUL de Captura. Dispõe o art. 2º.

> Definições: 1. Parte Emissora: é a autoridade judicial competente da Parte que expede o Mandato Mercosul de Captura.
>
> 2. Parte Executora: é a autoridade judicial competente da Parte que deverá decidir sobre a entrega da pessoa procurada em virtude de um Mandado MERCOSUL de Captura.
>
> 3. Autoridade Judicial Competente: é a autoridade judicial competente no ordenamento jurídico interno de cada Parte para emitir ou executar um Mandado MERCOSUL de Captura.
>
> 4. Autoridade Central: é a designada por cada Parte, de acordo com sua legislação interna, para tramitar o Mandado MERCOSUL de Captura.
>
> 5. Sistema Integrado de Informações de Segurança do MERCOSUL - SISME: é o Sistema de Intercâmbio de Informação de Segurança do MERCOSUL, criado pela Decisão CMC nº 36/04, implementado como ferramenta de cooperação técnica por meio do Acordo Marco sobre Cooperação em Matéria de Segurança Regional. O SISME facilita aos funcionários habilitados para este efeito o acesso eficiente e oportuno a informações policiais e de segurança pública de interesse no âmbito da segurança regional. Trata-se de um conjunto de recursos tecnológicos, Hardware, Software de Base e de Aplicação que se utilizam para consulta de informações estruturadas e alojadas nas Bases de Dados de cada um dos Nodos Usuário de cada um dos Estados Partes ou Estados Associados. As consultas entre os Nodos se realizam por meio de redes seguras. MERCOSUL/CMC/DEC. Nº 48/10.

Como visto, trata ainda do Sistema Integrado de Informações de Segurança do MERCOSUL – SISME, criado pela Decisão CMC nº 36/04, como mecanismo de cooperação técnica, favorecendo o acesso a informações policiais e de segurança pública que interesse à segurança regional, de forma ágil e eficaz, aos funcionários competentes para tais fins.

No tocante à aplicação definida no art. 3º, resta evidente a necessidade da dupla, incriminação. O referido Mandado, abarca somente crimes tipificados em instrumentos internacionais ratificados por ambas as Partes, emissora e executora, ou seja, que o delito seja tipificado como crime nos dois Estados (Mercosur, n.d).

> Dispõe o art. 3º. " mbito de aplicação.
>
> 1. Darão lugar à entrega, em virtude de um Mandado MERCOSUL de Captura, aqueles crimes que a Parte emissora e a Parte executora tenham tipificado em virtude de instrumentos internacionais ratificados pelas mesmas, mencionados no Anexo I do presente Acordo, entendendo que, desse modo, ocorre o requisito da dupla incriminação.
>
> 2. Para os crimes mencionados no parágrafo 1, caberá a entrega da pessoa procurada em virtude de Mandado MERCOSUL de Captura quando os crimes, qualquer que seja sua denominação, sejam puníveis pelas leis das Partes emissora e executora com pena privativa de liberdade com duração máxima igual ou superior a 2 (dois) anos.
>
> 3. Para os crimes referidos no parágrafo 1, procederá à entrega se o Mandado MERCOSUL de Captura for expedido para a execução de uma sentença ou parte desta. Será exigido que a parte da pena que falta por cumprir seja de ao menos 6 (seis) meses.

4. Para todos os crimes não contemplados por este Acordo, serão aplicados os Acordos sobre Extradição vigentes entre as Partes". MERCOSUL/CMC/DEC. Nº 48/10 (Mercosur, n.d).

Ademais, para os crimes referidos no parágrafo 1º, precisa que, em qualquer tipificação, os crimes sejam puníveis pela legislação interna das Partes, emissora e executora, com pena privativa de liberdade que tenha duração máxima igual ou maior que 2 (dois) anos.

Da mesma forma, para os crimes do mencionado parágrafo, se a expedição do Mandado MERCOSUL de Captura ocorrer para cumprimento de sentença ou parte desta, a entrega fica limitada, só podendo ser realizada se o restante da pena for de no mínimo 6 (seis) meses. Para os crimes que não constarem no Acordo, serão empregados os Acordos sobre Extradição, em vigor entre as Partes[4].

Quanto ao cumprimento do Mandado MERCOSUL de Captura, pode haver recusa facultativa da autoridade executora nos termos descritos no art. 4º, do mencionado Acordo. Dispõe o Art. 4º.

"Denegação facultativa do cumprimento do mandado MERCOSUL de Captura.

1. A Autoridade Judicial da Parte executora pode recusar-se a cumprir o Mandado MERCOSUL de Captura, conforme o seguinte:

a) a nacionalidade da pessoa reclamada não poderá ser invocada para denegar a entrega, salvo disposição constitucional em contrário. As Partes que não contemplem disposição de natureza igual poderão denegar a extradição de seus nacionais, no caso em que a outra Parte

---

4    Assim, resta evidente que o instituto da extradição não foi absolvido pelo Mandado Mercosul de Captura, continuará a ser utilizado mesmo após a vigência do referido mandado.

invoque a exceção da nacionalidade. A Parte que denegar a entrega deverá, a pedido da Parte emissora, julgar a pessoa reclamada e manter a outra Parte informada acerca do julgamento e remeter cópia da sentença, se for o caso. A esses efeitos a condição de nacional se determinará pela legislação da Parte executora vigente no momento de emissão do Mandado MERCOSUL de Captura, sempre que a nacionalidade não tenha sido adquirida com o propósito fraudulento de impedir a entrega;

b) tratar-se de crimes cometidos, no todo ou em parte, no território da Parte executora;

c) a pessoa procurada já estiver respondendo a processo criminal na Parte executora pelo mesmo crime ou crimes que fundamentam o Mandado MERCOSUL de Captura; ou

2. Sem prejuízo da decisão da autoridade judicial, o Estado Parte de execução poderá, em conformidade com sua legislação interna, denegar o cumprimento do Mandado quando exista razões especiais de soberania nacional, segurança ou ordem pública ou outros interesses essenciais que impeçam o cumprimento do Mandado MERCOSUL de Captura". MERCOSUL/CMC/DEC. Nº 48/10.

Por outro lado, de acordo com o art. 5º, a Parte executora não poderá cumprir a ordem, se houver ausência de dupla incriminação referente aos fatos que fundamentam o Mandado MERCOSUL de Captura ou quando houver prescrição da ação ou da pena, segundo a legislação de uma das Partes.

Ainda, se a pessoa procurada já tiver sido julgada, obtido indulto, anistia ou graça na Parte executora ou em outro Estado, pelo mesmo fato ou fatos puníveis que constam do Mandado de Captura, apresenta, ainda, outras circunstâncias inviabilizadoras do cumprimento da ordem, pela Parte executora

A ordem será denegada também quando a Parte executora admitir que o crime possui caráter político ou mantenha relação com outros delitos da mesma essência. No entanto, não serão considerados dessa forma quando houver simples alegação. O art. 5º ainda elenca um rol dos delitos que não podem, em nenhuma hipótese, serem tratados como crimes políticos, nos termos do Acordo em análise[5].

O artigo 6º, por sua vez, trata sobre a autoridade central, a qual será responsável pelo procedimento do Mandado MERCOSUL de Captura e sua indicação será informada ao Estado depositário na ocasião do depósito do documento de ratificação do Acordo. A autoridade central é passível de substituição em qualquer instante, bastando comunicar ao Estado depositário que, deverá informar aos demais membros.

Dispõe o "Art. 6º sobre autoridade central.

1. Cada Parte designará uma Autoridade Central para atuar no trâmite do Mandado MERCOSUL de Captura.

2. As Partes, ao depositar o instrumento de ratificação do presente Acordo, comunicarão a designação da Autoridade Central para tramitar o Mandado MERCOSUL de Captura ao Estado depositário, o qual dará conhecimento às demais Partes.

3. A Autoridade Central poderá ser substituída a qualquer momento, mediante comunicação, no menor tempo possível, ao Estado depositário do presente Acordo, o qual se encarregará de dar conhecimento às demais Partes". MERCOSUL/CMC/DEC. Nº 48/10.

---

5       Para o rol de situações que não serão consideradas crimes políticos conforme o acordo ver: https://www2.camara.leg.br/legin/fed/decleg/2018/decretolegislativo-138-9-agosto-2018-787060-acordo-156145-pl.html.

Já o conteúdo e a forma do Mandado de Captura, são descritos no art. 7º que requer dados e informações a respeito da pessoa procurada e informações da autoridade judicial emissora, além disso, apresentação de documentos referentes à sentença, Mandado de Prisão, dentre outras exigências. Importante reforçar que tudo que envolve documentos e informações devem ter tradução para o idioma da Parte executora[6].

Quanto ao procedimento do Mandado MERCOSUL de Captura, já estabelece, o art. 8º, a possibilidade da transmissão via eletrônica e inserção no Sistema de Intercâmbio de Informação de Segurança do MERCOSUL (SISME) e da Organização Internacional de Polícia Criminal (INTERPOL), com salvaguarda dos direitos de terceiros.

No que concerne ao art. 9º, há autorização a entrega voluntária, desde que exista a anuência da pessoa procurada, que esteja com assistência jurídica e, perante autoridade judiciária competente da Parte executora, a entrega poderá ser decidida sem outros procedimentos, conforme sua norma interna.

É no art. 10 que são estabelecidos os direitos e garantias da pessoa procurada excluindo, em qualquer situação, a aplicação das "penas de morte, de prisão perpétua ou de trabalho forçado". Quando o Mandado MERCOSUL de Captura tiver como base crime punível pela Parte emissora com as penas de morte ou prisão perpétua, poderá ocorrer o cumprimento do Mandado se a Parte emissora garantir aplicar a pena máxima admitida na lei da Parte executora.

O art. 11, trata da decisão sobre a entrega, determinando prazo máximo de 15 (quinze) dias a partir da notificação da Parte emissora da decisão judicial definitiva a respeito da entrega da pessoa procurada. No caso de força maior poderá haver prorrogação, apenas uma vez, por 10 dias. E o art. 12, discorre sobre pedidos concorrentes, quando da existência de dois ou mais Mandados

---

6     Art.7º e demais artigos, ver MERCOSUL/CMC/DEC. Nº 48/10. Disponível em:     https://www2.camara.leg.br/legin/fed/decleg/2018/decretolegislativo-138-9-agosto-2018-787060-acordo-156145-pl.html.

MERCOSUL de Captura. Caso em que, a decisão sobre a qual das Partes será concedida a entrega, caberá a Parte executora que irá notificar sua decisão às Partes emissoras.

Enquanto o artigo 13 estabelece a prioridade célere do Mandado MERCOSUL de Captura e determina a presença de autoridade judicial competente, conforme lei interna da Parte executora, para ordem de cumprimento e decisão referente a entrega de pessoa procurada.

Os assuntos que se relacionam com "entrega diferida ou condicional", que estabelece a possibilidade de adiamento da entrega de pessoa procurada para que possa ser processada ou cumprir pena no país executor por fatos diferentes daqueles da ordem, estão colacionados no art. 14.

Quanto a detração da pena, a previsão do art. 15 autoriza o cômputo do período entre a prisão e a entrega da pessoa procurada como parte do total da sanção a ser executada no Estado emissor. No art. 16, está determinada a necessidade de autorização das Partes para o trânsito de pessoa presa por força da ordem de captura, mas ressalva a hipótese de nacionais do país de trânsito, desde que prevista em sua lei interna.

Já no art. 17, são tratados os temas referentes à extradição ou entrega a um terceiro Estado, deixando claro que não poderá a pessoa procurada que, tenha sido entregue mediante ordem de Mandado MERCOSUL de Captura, ser entregue por outro requerimento de Mandado MERCOSUL de Captura, ou de extradição a um terceiro país sem anuência da autoridade competente do Estado executor.

A entrega de objetos, está disciplinada no art. 18, e, poderá, por solicitação do Estado emissor ou iniciativa da autoridade judiciária do Estado executor, de acordo com a lei interna, ser entregue os objetos destinados a constituir prova do delito. O art. 19, por sua vez, determina que as despesas serão arcadas pela Parte executora quando geradas em seu território em função da prisão da pessoa procurada. Já as despesas originadas pelo transporte e deslocamento da pessoa procurada, desde o país executor, serão bancadas pelo país emissor. Mas, o país emissor pagará os custos de transporte até a parte executora da pessoa procurada, quando esta tiver sido absolvida, nos termos da legislação interna.

Consoante o art. 20, este Acordo não prejudicará garantias e deveres estipulados pelas Partes em outros mecanismos internacionais dos quais sejam Partes. No tocante ao art. 21, são apresentadas duas situações de resoluções de controvérsias, focadas no sistema de controvérsias vigente entre os Estados abrangidos pelo conflito. Por último, o art. 22, trata da vigência do presente Acordo, verbis:

"Art. 22 1. O presente Acordo entrará em vigor trinta (30) dias após o depósito do instrumento de ratificação pelo quarto Estado Parte do MERCOSUL. Na mesma data, entrará em vigor para os Estados Associados que hajam anteriormente ratificado.

2. Para os Estados Associados que não tenham ratificado com antecedência a esta data, o Acordo passará a vigorar no mesmo dia em que seja depositado o respectivo instrumento de ratificação.

3. Os direitos e as obrigações decorrentes do presente Acordo somente se aplicam aos Estados que o tiverem ratificado.

4. A República do Paraguai será depositária do presente Acordo e dos respectivos instrumentos de ratificação, devendo notificar as demais Partes sobre as datas do depósito desses instrumentos e da entrada em vigor do Acordo, bem assim encaminhar cópia devidamente autenticada deste.

Feito em Foz do Iguaçu, aos dezesseis dias do mês de dezembro de dois mil e dez, em um original, nos idiomas português e espanhol, sendo ambos os textos igualmente autênticos".

Em suma, o Mandado MERCOSUL de Captura não poderá vigorar antes que os Estados Partes entreguem o documento de ratificação do Acordo à

República do Paraguai, só tendo vigência também para os países associados que já tiverem ratificado. Ainda, estabelece para a vigência do acordo o prazo de trinta dias, após o mencionado depósito.

## ELEMENTOS QUE PODEM PREJUDICAR A EFETIVIDADE DO MANDADO MERCOSUL DE CAPTURA.

Apesar de ser inspirado no Mandado de Detenção Europeu (o qual substituiu definitivamente a extradição na União Europeia), o Mandado MERCOSUL de Captura diverge daquele em alguns aspectos, sendo aqui tratados de forma rápida, vez que não é o enfoque deste trabalho comparar os dois institutos.

Enquanto o cumprimento do Mandado MERCOSUL de Captura exige a dupla incriminação, sendo sua ausência causa de recusa obrigatória do cumprimento da ordem de captura, o Mandado de Detenção Europeu, tem um rol taxativo de delitos que dispensam essa condição e se o crime não fizer parte desse rol taxativo, a falta da dupla incriminação é causa de não execução facultativa do Mandado de Detenção Europeu. Além disso, no Mandado de Captura merco sulino, o campo de aplicabilidade do Acordo é bastante reduzido, vez que só engloba os crimes inclusos em convenções internacionais ratificadas pelos dois Estados, emissor e executor, da ordem de captura (Loureiro, 2018).

Ainda sobre a dupla incriminação, para que o Mandado MERCOSUL de Captura seja emitido, além do ser punível nos dois Estados, emissor e executor, a pena privativa de liberdade deve ter duração máxima de 2 (dois) anos ou mais.

Já quanto a prestação de assistência, a cooperação jurídica no Mercosul, na seara penal é obrigatória tendo a prestação de assistência como regra, não exige dupla incriminação, na maior parte dos casos facilitando a concessão, com amplitude e agilidade. Assim, o Mercosul dispõe de um sistema cooperativo dinâmico que realiza pedidos diretos, por meio da autoridade central, pelo órgão "rogante" a instituição análoga, dispensando requerimento de autorização para que essa assistência seja mais célere. Possibilita, ainda, aos Estados que evoluíram em relação à assistência que o pedido se realize diretamente entre juízes, com vistas ao Ministério Público, para que se preste assistência (Russowsky, 2012, p. 122).

No entanto, para que o Mercosul possa se desenvolver enquanto "bloco de integração", a efetivação da supranacionalidade, além de sua viabilidade, é primordial, para possibilitar a realização direta das diretrizes do Mercosul pelos Estados-Partes. Com isso, também viabiliza a aplicabilidade instantânea das leis e a criação de uma Corte de Justiça do MERCOSUL, propiciando a utilização do princípio do reconhecimento mútuo no bloco, nos moldes europeus, baseado na segurança e confiança entre os Estados que, com aplicação imediata do Mandado MERCOSUL de Captura, terão as decisões judiciais de um país reconhecidas por outro do bloco (Russowsky, 2012, p. 153).

É notória a ausência da supranacionalidade no acordo que estabelece o Mandado MERCOSUL de Captura, pois as discrepâncias entre os dois institutos demonstram o dualismo organizatório dos blocos, um supranacional e o outro ainda intergovernamental, "o que pode comprometer a aplicação, vigência e segurança na aplicação da ordem de captura ao bloco sul americano" (Russowsky, 2012, p. 155). Impende ainda observar que ao admitir a supranacionalidade na condição de integração, o MERCOSUL deve fortalecer os temas relacionados a proteção dos direitos fundamentais considerando o avanço das sociedades e do progresso das nações (Ribeiro, 2012).

Em síntese, o MERCOSUL possui peculiaridades específicas definidas conforme desejo dos Estados integrantes (Kullok, 2015). Diferentemente da Mandado de Detenção Europeu, o Mercosul não extinguiu o sistema de extradição, pois quando os crimes não constarem no acordo, a cooperação internacional será realizada pela extradição. Provavelmente, este instituto seja tão somente um impulso para melhorar o procedimento de entrega de pessoas no Mercosul. Porém, a área de aplicação é restrita (Kullok, 2015), abarca apenas os crimes incluídos em convenções internacionais ratificadas pelo país emissor da ordem e pelo país executor do mandado (Venâncio, 2012), as penas determinadas para cooperar são muito baixas, e a ausência de supressão da extradição não proporcionou "grandes avanços para a consecução de uma cooperação jurídica internacional plena e célere em matéria penal" (Kullok, 2015).

Sobre o instituto da extradição, impende ressaltar as seguintes considerações:

> *"No típico caso de extradição, o que existe é um modelo de cooperação horizontal, onde, como o próprio nome indica, encontramos dois Estados em situação de igualdade, podendo o Estado requerido decidir se aceita ou rejeita o pedido de extradição efectuado, de acordo com as suas leis internas e os Tratados que o vinculam. Já a entrega baseia-se num modelo de cooperação vertical entre os Estados, modelo este em que um Estado (de emissão) emite um pedido de entrega que deverá em princípio ser cumprido pelo Estado ao qual se dirige (de execução), o qual se encontra previamente condicionado a cumpri-lo devido à sua vinculação a Tratados ou Decisões que o imponham e com as quais concordou". (Cardoso, 2013)*

Nesse sentido, importante reforçar que continua como mecanismo essencial utilizado para captura de pessoas investigadas e condenadas, "extra fronteiras nacionais, a extradição", que se efetiva com aproximadamente um ano e meio de duração, diferentemente do Mandado de Detenção Europeu, o qual dura em média "40 dias entre a expedição da ordem por um país e o seu cumprimento por outro" (Russowsky, 2012, p. 155).

Dessa forma, resta evidente que a abrangência das novas medidas adotadas se relaciona proporcionalmente com o grau de integração entre os Estados-

Partes. Geralmente, "os Estados não aprovam medidas que impliquem em diminuição de prerrogativas que são consideradas decorrentes da soberania" (Venâncio, 2012).

Com isso, o mandado Mercosul de Captura permaneceu com a intervenção de autoridades centrais, a exigência de dupla incriminação e a utilização do processo de extradição entre os Estados signatários do Mandado Mercosul de Captura. Desse modo, não houve a inclusão total do princípio do reconhecimento mútuo, mas apenas em parte (Kullok, 2015). Porquanto, o princípio do reconhecimento mútuo possibilita a aceitação de decisões jurídicas de um país em outro "com um mínimo de formalidades" (Russowsky, 2012, p. 70).

Enquanto o Mandado de Detenção Europeu pode ser transmitido diretamente, mediante autoridades jurídiciais, o Mandado MERCOSUL Captura determina a transmissão por meio de autoridade central, o que pode comprometer seu procedimento, vez que, em muitas situações as autoridades centrais fazem parte do executivo, exigindo "um duplo controle, por parte do executivo e do judiciário, retirando a celeridade do procedimento" (Russowsky, 2012, p. 156/157).

A ordem de captura e entrega de pessoas procuradas para responder a processo criminal ou cumprir pena poderia se realizar somente via decisão de autoridade judicial, com a aplicação do reconhecimento mútuo das decisões judiciais no bloco que forma o MERCOSUL. Assim, não seriam utilizadas para o seu trâmite, nem a autoridade central do Poder Executivo, ou seja, não dependeria de decisão governamental, e nem dos órgãos diplomáticos, podendo a ordem de captura substituir o instituto da extradição (Ribeiro, 2012).

No Brasil, atua como Autoridade Central para os pleitos de cooperação jurídica internacional, o Departamento de Recuperação de Ativos e Cooperação Jurídica Internacional – DRCI, órgão integrante da Secretaria Nacional de Justiça do Ministério da Justiça e Segurança Pública, que além das incumbências denominadas, auxilia e presta instruções às autoridades brasileiras, no âmbito jurídico internacional, sobre seus inquéritos policiais e processos criminais. As solicitações de auxílio jurídico internacional são fundamentadas juridicamente em um acordo ou convenção internacional, bem como na reciprocidade. No Brasil, podem se basear em convenção multilateral ou acordo bilateral com tema penal, devidamente firmados e ratificados pelos Estados-Partes e incorporados aos respectivos ordenamentos internos (Junior, 2019).

Para evitar o real procedimento da extradição (com vedação no Brasil), em que um policial de um país vai ao outro e, mediante auxílio da polícia local, realiza a prisão e retorna ao seu território com o indivíduo, violando direitos fundamentais, o Mandado de Captura do Mercosul representa um mecanismo importante, necessário e eficaz, podendo ser emitido em um Estado para cumprimento pela autoridade de outro Estado com expressiva simplicidade (Russowsky, 2012).

Impende ressaltar que, no processo da cooperação jurídica internacional, a feitura das solicitações deve, necessariamente, ser mais funcionais, ser provida de segurança jurídica para preservação da legitimidade de seus efeitos e os direitos das pessoas envolvidas (Bechara, Smanio, & Girard, 2019). Os instrumentos de cooperação funcionam com escopo de assegurar as garantias estabelecidas nos tratados internacionais, a finalidade de propiciar um bem comum global e justiça eficaz, respeitando, concomitantemente, os direitos fundamentais constitucionais e os tratados internacionais (Polla, 2021).

Outra questão comumente abordada e que deve ser enfrentada pelo bloco do MERCOSUL é a criação de um Tribunal de Justiça no formato de Tribunais já existentes em outros processos integracionistas, por exemplo, o Tribunal de Justiça da União Europeia (TJUE). O MERCOSUL possui atualmente um Tribunal Arbitral e um Tribunal Permanente de Revisão (TPR), o qual poderá representar um impulso essencial para a efetividade de um Tribunal de Justiça do MERCOSUL. "Não se pode ver o MERCOSUL como um bloco coeso, os países que o compõem possuem diferenças em termos políticos, culturais e econômicos". Questão esta que, se torna mais evidente pela ausência de "órgãos supranacionais", cujas decisões sejam livres dos interesses preferenciais dos Estados-Partes (Iensue & Carvalho, 2017).

Assim, as circunstâncias apontadas constituem obstáculos que implicam na efetividade do Mandado MERCOSUL de Captura, cujo cenário será demonstrado no item seguinte.

## SITUAÇÃO DO MANDADO MERCOSUL DE CAPTURA

O Mandado MERCOSUL de Captura tem apresentado muita morosidade em relação à sua vigência e efetivação, pois, como já dito, o acordo foi assinado em 16 de dezembro de 2010 e aprovado pelo Congresso Nacional, somente em 2018, mediante o Decreto Legislativo nº 138, todavia, até a presente data não há previsão para sua vigência.

Contudo, o MERCOSUL tem buscado desenvolver um sistema de cooperação jurídica em vários campos, dentre os quais, penal. Sua evolução, apesar de ser "lenta, gradativa e assistemática", em razão, até mesmo das próprias particularidades do bloco, apresenta mecanismos jurídicos significativos quanto a normatização no âmbito civil, penal e administrativo, [principalmente na área econômica] (Abade, 2013). A seara penal, ainda caminha a passos muito lentos.

Enquanto a União Europeia (EU) surgiu da necessidade de integração após a Segunda Guerra, com os países precisando de equilíbrio e desenvolvimento econômico para sua reconstrução, o MERCOSUL, surge na expectativa de fortalecer o "papel sul-americano na política e na economia mundial", tendo como modelo a União Europeia. Ainda que, o MERCOSUL não esteja tão evoluído, em termos de integração, quanto a União Europeia, seu objetivo é otimizar a cooperação e viabilizar o desenvolvimento regional. Foi nesse contexto que foram criados o mandado de detenção europeu e o mandado MERCOSUL de Captura (Venâncio, 2012, pp. 27-28).

Como visto, a União Europeia surgiu após os momentos cruéis de uma guerra que envolveu o mundo, necessitando se restaurar, desenvolver a estabilidade e a economia. Por sua vez, o MERCOSUL surgiu na perspectiva de viabilizar o fortalecimento da função dos países sul – americanos no âmbito político e econômico global.

A construção de uma "Europa unida" implicou em uma modificação dos objetivos abandonando o cunho especificamente econômicos e, "na atualidade, se assenta em princípios fundamentais reconhecidos pelos Estados-membros, dentre os quais se destacam: a realização de uma paz duradoura, a unidade, a igualdade, a liberdade, a segurança e a solidariedade" (Venâncio, 2012, pp. 27-28).

A União Europeia conseguiu avançar bastante em matéria de integração, o que facilita a cooperação jurídica entre o bloco. Já o MERCOSUL, ainda tem como óbice para cooperar entre os seus membros, a falta de maior integração, principalmente, a cooperação na área penal. No entanto, o MERCOSUL, busca potencializar a cooperação jurídica e assegurar o progresso regional. E foi com esse intuito que teve origem o Mandado MERCOSUL de Captura. Para tanto, o Mandado de Detenção Europeu serviu como modelo, apesar das dissemelhanças dos blocos em vários aspectos.

Nesse sentido, importante transcrever o conceito dos dois mandados, o europeu e o Mercosul, dos instrumentos que os definem. Conforme disposição do art. 1º,

> "o mandado de detenção europeu é uma decisão judiciária emitida por um Estado-membro com vista à detenção e entrega por outro Estado-membro de uma pessoa procurada para efeitos de procedimento penal ou cumprimento de uma pena ou medida de segurança privativa de liberdade". Decisão Quadro do Conselho 2002/584/ JAI.

Já o Mandado MERCOSUL de Captura é definido pelo art. 1º do acordo como

> *"uma decisão judicial emitida por uma das Partes (Parte emissora) deste Acordo, com vistas à prisão e entrega por outra Parte (Parte executora), de uma pessoa procurada para ser processada pelo suposto cometimento de crime, para que responda a um processo em curso ou para execução de uma pena privativa de liberdade".* MERCOSUL/CMC/DEC. Nº 48/10.

Sobre a confiança e o reconhecimento mútuo, essenciais para a EU, surgiu de uma construção histórica da cooperação jurídica internacional na área penal, que evoluiu gradativamente.

"O sistema de cooperação judiciária em matéria penal na UE foi fruto de uma longa evolução histórica, que culminou recentemente no aprofundar da relação de confiança mútua entre os países, e deu origem à aplicação do princípio do reconhecimento mútuo também na área de liberdade, segurança e justiça (Cardoso, 2013, p. 102)."

O Acordo do Mandado MERCOSUL de Captura tem seu principal objetivo análogo ao Mandado de Detenção Europeu, mas para que passe a vigorar é necessário que seja internalizado nos ordenamentos jurídicos, dos quatro Estados-Partes (Russowsky, 2012).

Para isso, deve haver um entendimento jurídico-penal unificado dentro do bloco do Mercosul para que suas legislações se harmonizem, devendo cada país modificar as leis penais e processuais penais para se adequarem à nova realidade penal e processul mercosulino, ao realizarem investigação e julgamento das infrações praticadas por nacionais e "alienígenas no interior de seus territórios em face das normas penais nacionais". Em um mundo globalizado, os crimes transnacionais devem ser enfrentados com procedimentos e técnicas jurídicas de políticas criminais internacionais ajustadas à realidade contemporânea e não utilizando os métodos tradicionais do direito penal de cada país (Ribeiro, 2012, p. 55). O entrosamento entre o sistema nacional e internacional deve ser harmônico e flexível constituindo um modelo padronizado que objetive suprimir ou prevenir conflitos (Iensue & Carvalho, 2017).

No Mercosul, não existe órgãos que cuidem especificamente dos interesses do bloco — o que constitui um dos motivos para a morosidade da evolução do processo da integração regional, posto que o controle do sistema de integração se encontra com o Poder Executivo dos Estados - Partes. Possivelmente, a extradição, com os trâmites burocráticos e lentos que possui atualmente, tende a ser gradualmente substituída por instrumentos simplificados de entrega de pessoas que respondam a processo criminal. Importante salientar que o contexto favorável para que surjam novos mecanismos, alternativos ao processo de extradição, são os blocos regionais (Venâncio, 2012, p. 52).

No Brasil, a Lei 13.445 de 24 de maio de 2017 (Lei de Migração) revogou a Lei 6.815 de 1980 (Estatuto do Estrangeiro) e atualmente, regula as medidas de cooperação penal internacional com finalidade de extradição, transferência da execução da pena e para transferência de pessoa condenada. O Art. 81, da Lei de Migração, dispõe:

"A extradição é a medida de cooperação internacional entre o Estado brasileiro e outro Estado pela qual se concede ou solicita a entrega de pessoa sobre quem recaia condenação criminal definitiva ou para fins de instrução de processo penal em curso.

§ 1º A extradição será requerida por via diplomática ou pelas autoridades centrais designadas para esse fim.

§ 2º A extradição e sua rotina de comunicação serão realizadas pelo órgão competente do Poder Executivo em coordenação com as autoridades judiciárias e policiais competentes". Lei 13.445 de 24 de maio de 2017 (Lei de Migração). Importante ressaltar que a extradição consta em muitos tratados internacionais, porém pode ser solicitada, com fundamento no princípio da reciprocidade".

É certo que a Lei de Migração possibilitou que o cumprimento da pena de pessoas sentenciadas no Brasil possa ocorrer em outro país ou vice-versa, pois antes só existia a possibilidade da homologação de sentença penal estrangeira para tal caso, sendo utilizado apenas na execução de efeitos civis ou medida de segurança. Agora, pode ser homologado para o cumprimento de pena privativa de liberdade (Alli & Monteiro, 2018).

O procedimento da extradição não sofreu mudança significativa, mas houve certa flexibilização[7]. Noutro giro, para evitar a fuga de pessoas procuradas pela justiça houve grande investimento em instrumentos de busca, como a difusão vermelha, executada pela Interpol para encontrar foragidos da justiça. Modernização de controle das fronteiras e rigor na verificação de antecedentes criminais para concessão de vistos. Porém, quando as pessoas procuradas são encontradas tem início o longo processo de extradição. Injustificável tanto formalismo, até porque no Brasil, a regra é que o extraditando aguarde aprisionado. O cumprimento das decisões judiciais no âmbito internacional deve ocorrer na mesma velocidade em que o mundo moderno funciona (Barreto, n.d.). Contudo, o processo de extradição[8] continua lento e burocrático o que não se justifica.

*"A difusão vermelha é um documento de natureza policial feito por meio digital nos ECNs e enviado para a Secretaria-Geral da Interpol, que após a aprovação, é publicada e difundida pelo sistema I-24/7 para fins de buscas internacionais de*

---

7    Ver: Lei 13.445 de 24 de maio de 2017 (Lei de Migração).

8    Processo de extradição, ver: Lei 13.445 de 24 de maio de 2017 (Lei de Migração).

*pessoa procurada. [...] O Decreto nº 86715/81 disciplina que Departamento de Polícia Federal é o órgão com atribuições para localizar e executar a ordem de prisão preventiva para fins de extradição de fugitivos em território brasileiro. [...] O instrumento policial é atualmente utilizado na hipótese de extradição ativa. [...] Tal instrumento policial foi essencial na detecção da presença do ex-banqueiro Salvatore Cacciola no Principado de Mônaco, o qual era procurado pela justiça brasileira há mais de sete anos. [...] (Ribeiro, 2012).*

Por sua vez, a Interpol (Polícia Criminal Internacional)

*"é a maior organização policial do globo, criada pelo objetivo de facilitar a cooperação policial e dar suporte as organizações, autoridades e serviços, atuando no combate à criminalidade transnacional. A Interpol tem uma frente especializada na lavagem de dinheiro, prestigiada pela comunidade internacional. [...] No Brasil a Interpol tem sua representação na seara da Polícia Federal, através da Coordenação Geral de Polícia Criminal Internacional (CGPCI)", tem escritórios em todos os estados (Romero, Franca 2017)".*

Quanto à movimentação e notícias sobre a implementação do Mandado Mercosul de Captura, não há quase nada, até porque, a cooperação jurídica internacional em matéria penal no âmbito do Mercosul, ainda é incipiente.

Todavia, em 31 de maio de 2019, o ministro da Justiça e Segurança Pública do Brasil, na ocasião em que assinou novas ações de parceria com os Estados Partes do MERCOSUL, na Argentina, realizou apelo aos chefes estatais para que agilizassem o processo de internacionalização dos acordos já assinados, com destaque ao Mandado MERCOSUL de Captura e o acordo para formação de equipes conjuntas de investigação., como prioridade, cobrando maior efetividade para os acordos assinados (Brasil. Ministério da Justiça e Segurança Pública: Governo Federal., 2019). O ministro não permaneceu no governo e aquele que lhe substituiu não reforçou a cobrança.

O ministro Sérgio Moro, destacou que:

> "É importante que transformem esses acordos em ações efetivas, com postura proativa para utilizarmos nossos instrumentos, aprimorando nossas plataformas disponíveis para compartilhamento de dados. Os países devem unir esforços e investirem mais no sistema integrado de informações para a segurança do Mercosul. É de extrema relevância a criação de equipes conjuntas de investigação e de ações coordenadas entre países". Ele ressaltou ainda, que "só é possível combater a corrupção, crime organizado e crime violento – tripé da gestão do MJSP – por meio de cooperação internacional". Reforçando a necessidade de aprimoramento das plataformas disponíveis para que os dados sejam compartilhados de maneira mais fácil e rápida, eletronicamente (Brasil. Ministério da Justiça e Segurança Pública: Governo Federal., 2019)

Em 2020, o governo brasileiro, inseriu na agenda prioritária do programa, temas "como tráfico de drogas, tráfico de armas, gestão de bens oriundos do crime, delitos cibernéticos, além de mecanismos para internalização de acordos regionais, como o Mandado Mercado de Captura e Entrega" (Brasil, n.d).

Também, na Reunião de Coordenadores Nacionais do Grupo Mercado Comum (GMC), a qual contou com delegações da Argentina, Brasil, Uruguai e Paraguai, foi ressaltado que um dos objetivos da Presidência Pro Tempore

Paraguaia 2020 do MERCOSUL "é o fortalecimento do bloco, tanto em nível interno como em nível externo", disse o ministro de Relações Exteriores, embaixador Antonio Rivas Palacios.

Ainda, manifestou que outro objetivo da PPIP 2020 é obter o 'Pacto de Encarnación', o qual já conta com início de trabalho no documento relacionado aos "pilares fundacionais do MERCOSUL" com a finalidade de validar "os princípios do Tratado de Assunção e ter uma integração muito mais fortalecida e próxima dos cidadãos". "Trata-se de um instrumento de ratificação dos princípios e objetivos do Tratado de Assunção e roteiro para o decênio 20-30", pontuou. Mencionou também que os trabalhos "nos quatro pilares do MERCOSUL: o econômico-comercial, o jurídico, o institucional e a diminuição de assimetrias", continuam (Mercosul, 2020).

As manifestações supramencionadas são voltadas para o fortalecimento da integração regional, o que proporciona boas expectativas no sentido de alavancar o bloco e que dentro de suas ações seja incluída a implementação do Mandado MERCOSUL de Captura.

Enquanto isso, outras formas de cooperação despontam e colaboram para a evolução do MERCOSUL, enquanto bloco de integração regional, dentre outros, o auxílio direto e a cooperação internacional, utilizada de forma intensa, entre as autoridades policiais que integram os Estados- Partes e os Estados Associados do MERCOSUL, com realização de trocas de guias e manuais de investigação pelas organizações policiais regional e, nomeadamente, as realizadas e aparelhadas pela Coordenação Geral de Polícia Penal Internacional da Polícia Federal (Ribeiro, 2012, p. 70)[9].

---

9        Nessa linha vale verificar Acordo de Cooperação Policial aplicável aos espaços fronteiriços entre os Estados Partes do Mercosul, o qual visa "cooperar mutuamente para que a atuação policial em zonas de fronteira seja mais rápida e efetiva". Disponível em:

https://www.mre.gov.py/tratados/public_web/DetallesTratado.aspx?id=IN9BgZYCVmQURQ2Dvghx9w%3d%3d.

Os novos mecanismos de cooperação internacional na seara penal[10], estão se fortalecendo mediante a aplicação dos critérios de assistência criminal entre Estados "ou entre estes e organizações internacionais". É notória a existência da mesma finalidade, "troca de informações, obtenção de provas para fins probatórios, ou até mesmo localizar, congelar, confiscar e repatriar bens, direitos e valores produtos de crimes transnacionais, principalmente o de lavagem internacional de dinheiro" (Romero, Franca 2017, p. 139). Os Estados-Parte de blocos regionais procuram formas de consolidar a articulação entre as autoridades judiciárias e as polícias para assegurar um real enfrentamento a criminalidade organizada no âmbito internacional (Venâncio, 2012).

O mandado MERCOSUL de Captura pretende provocar uma modificação de paradigma na cooperação jurídica internacional em área penal, porquanto visa substituir a extradição no bloco do MERCOSUL, bem como eliminar a intervenção política do Poder Executivo. A intenção seria permitir que uma ordem judicial emitida por um país integrante do bloco fosse executada por outro, com base no princípio do reconhecimento mútuo e da confiança nas decisões [de todos] os Estados-membros (Ribeiro, 2012).

No entanto, para a aplicação do princípio do reconhecimento mútuo no âmbito penal precisaria haver um nível elevado de confiança entre os Estados-Partes oriundo de uma organização supranacional que poderia ensejar na harmonia da legislação dentro do bloco e dessa forma facilitar, por conseguinte, a efetivação e execução do Mandado MERCOSUL de Captura, que a despeito da assinatura do acordo [pelos Estados- Partes e Estados Associados] sua aplicação e vigência se encontram atreladas "a uma

---

10      Cabe destacar o Acordo Quadro do bloco para formação de Equipes Conjuntas de Investigação, já aprovado pelo Congresso nacional, desde 2018. Tal mecanismo juntamente com o Mandado MERCOSUL de Captura, formam importantes instrumentos de cooperação para a persecução de crimes que ocorrem extrafronteira brasileira, mas afetam diversos países. Ver: https://agenciabrasil.ebc. com.br/internacional/noticia/2018-10/senado-aprova-decreto-sobre-cooperacao-entre-paises-do-mercosul.

organização intergovernamental". "Sem supranacionalidade o processo de integração no Mercosul restaria prejudicado, mas, observando-se os avanços presentes no Mercosul, como exemplo a Resolução GMC 06/10, acredita-se que se está no caminho de alcançar-se tal objetivo" (Venâncio, 2012).

Em suma, os Estados-Partes e Estados Associados, no entendimento de Ribeiro (2012) devem prosseguir com a união de esforços no desenvolvimento e consolidação das ações de cooperação judicial e policial, além de ações conjuntas com harmonização dos diferentes sistemas criminais no enfrentamento da criminalidade, impedindo que crimes fiquem impunes. Em contrapartida ao instituto da extradição que continua lento no processo de prisão, extradição e entrega de pessoas procuradas pela prática de crime, o Mandado MERCOSUL de Captura aparece como um recurso jurídico visando fortalecer o processo de integração, como também, um elemento fundamental para favorecer a cooperação jurídica internacional.

Portanto, apesar da importância e da necessidade da implementação do Mandado MERCOSUL de Capturada, para agilizar e simplificar o processo de prisão e entrega de pessoa procurada pela justiça, para responder a processo ou cumprir pena, continua apenas no papel.

# CONCLUSÃO

É notório que a globalização trouxe muitos benefícios, mas também o aumento da criminalidade transfronteiriça, surgindo a necessidade de cooperação entre os Estados do MERCOSUL para coibir a impunidade e enfrentar o crime organizado. O MERCOSUL, teve origem com o processo de integração regional, iniciado pela União Europeia, cuja tendência se disseminou no mundo com intuito de consolidar grandes blocos econômicos.

Foi nesse contexto que o Mandado MERCOSUL de Captura foi proposto com a finalidade de imprimir maior celeridade, com menos gastos para captura e entrega de foragidos da justiça, em substituição ao instituto da extradição.

O MERCOSUL é composto por vários países, em uma área regional comum, mas com peculiaridades diversas, o que tem dificultado o processo de integração regional em termos de cooperação jurídica internacional na área penal.

É certo que pode haver divergências e disputas de jurisdições internas, referentes a alguns crimes, em razão das singularidades transfronteiriças, porém as instituições envolvidas entre diferentes países devem buscar minimizar os efeitos com conexão e coerência para que haja maior cooperação, contribuindo, com a justiça e a redução da criminalidade transnacional.

Conforme o exposto, não se pode olvidar, que a cooperação jurídica internacional exerce relevante papel como instrumento para a colaboração jurídica entre os Estados na repressão e, consequentemente, na prevenção à criminalidade transnacional.

A tendência para atingir a simetria é tornar algumas regras mais maleáveis, ter outros Estados adotando o procedimento do mandado de detenção utilizado na União Europeia, já seguido pelo Mercosul mediante o Mandado MERCOSUL de Captura, além da observância da garantia de direitos aos agentes envolvidos na cooperação jurídica internacional na esfera penal.

Outrossim, o Mandado de Detenção europeu, instrumento utilizado na União Europeia para captura e entrega de pessoas procuradas pela justiça, para responder a processo penal ou para cumprimento de pena, serve como exemplo para a aplicabilidade do Mandado Mercosul de Captura, podendo ser analisado na prática e extraído o que melhor se adapta à realidade do bloco merco sulino.

O Mandado MERCOSUL de Captura não substituirá o atual mecanismo usado para tal finalidade, a extradição, mas poderá ser empregado para maioria dos crimes. Os mecanismos de cooperação jurídica internacional utilizados pelo Brasil são acordos multilaterais e acordos bilaterais.

A efetivação do Mandado MERCOSUL de Captura vai impulsionar o instituto da cooperação jurídica internacional na seara penal, além de fortalecer o processo de integração regional do Mercosul. Apesar das divergências e particularidades dos países que formam o bloco merco sulino, não resta dúvida de que será um instrumento muito importante que viabilizará a captura e entrega de pessoas procuradas pela justiça, com mais celeridade e eficiência.

Portanto, é de fundamental importância a implementação do referido mandado, por se tratar de elemento mais simples e eficaz no enfrentamento à criminalidade transnacional, contribuindo, sobremaneira para eliminar a impunidade de crimes transfronteiriços, via cooperação jurídica internacional.

# REFERÊNCIAS BIBLIOGRÁFICAS

Abade, D. N. (2013). Direitos Fundamentais na cooperação jurídica internacional:extradição, assistência jurídica, execução de sentença estrangeira e transferência de presos . São Paulo: Saraiva.

Alli, T. B., & Monteiro, B. (2018). III CONINF. Acesso em 12 de março de 2021, disponível em A lava Jato e a cooperação jurídica internacional contra os crimes econômicos: https://scholar.google.com.br/scholar?start=50&q=co opera%C3%A7%C3%A3o+internacional+direito+brasileiro&hl=pt-BR&as_ sdt=0,5

Anselmo, M. (2013). Lavagem de dinheiro e cooperação jurídica internacional de acordo com a Lei n° 12.683/2012. São Paulo: Saraiva.

Barreto, L. (s.d.). O mandado Mercosul de Captura um avanço na punição de criminosos. Acesso em 31 de março de 2021, disponível em http://www.stf.jus. br/arquivo/cms/setimoEncontroConteudoTextual/anexo/O_MANDADO_ CAPTURA_Luiz_Paulo_Barreto.pdf.

Bechara, F. (2011). Cooperação jurídica internacional em matéria penal: eficácia da prova produzida no exterior. São Paulo: Saraiva.

Bechara, F. R., Smanio, G. P., & Girard, K. B. (mai/ago de 2019). Cooperação jurídica internacional na Operação "Lava Jato": análise crítica a partir da diversidade entre os sistemas jurídicos nacionais. Revista Brasileira de Direito

Processual Penal, 703-736. Acesso em 28 de março de 2021, disponível em http//doi.org/10.22197/rbdpp.v.512.229

Brasil. (2018). Decreto Legislativo nº 138, de 2018. Aprova o texto do Acordo sobre Mandado Mercosul de Captura e Procedimentos de Entrega entre os Estados Partes do Mercosul e Estados Associados, assinado na XL Reunião Ordinária do Conselho do Mercado Comum [...]. Acesso em 21 de março de 2021, disponível em https://www2.camara.leg.br/legin/fed/decleg/2018/decretolegislativo-138-9-agosto-2018-787060-acordo-156145-pl.html

Brasil. (s.d.). Ministério da Justiça e Segurança Pública participa de encontro internacional que discutiu cooperação. Acesso em 27 de março de 2021, disponível em justiça.gov.br

Brasil. Ministério da Justiça e Segurança Pública: Governo Federal. (31 de maio de 2019). Mercosul: Moro assina novas parcerias e pede celeridade no cumprimento de acordos. Acesso em 29 de março de 2021, disponível em MJSP: https://www.justica.gov.br/news/collective-nitf-content-1559335344.39

Cardoso, R. (jun de 2013). Os Direitos Fundamentais nos procedimentos de entrega de pessoas procuradas. Acesso em 30 de março de 2021, disponível em https://estudogeral.sib.uc.pt/bitstream/10316/34981/1/Os%20Direitos%20Fundamentais%20nos%20procedimentos%20de%20entrega%20de%20pessoas%20procuradas.pdf

Dallagnol, D. (2017). Aluta contra a corrupção. Rio de Janeiro: Primeira Pessoa.

Grossi, V. D. (2014). A defesa na cooperação jurídica internacional penal. (F. d. Paulo, Editor) Acesso em 14 de março de 2020, disponível em Dissertação de Mestrado: https://www.teses.usp.br/teses/disponiveis/2/2140/tde-23032015-141744/publico/versu00revisada.pdf

Iensue, G., & Carvalho, L. (jan/abr de 2017). Mercosul e cooperação jurídica internacional: um sistema processual estratégico à integração. Revista de Direito Brasileira, 16 n. 7, 426-444.

Junior, I. (2019). Como elaborar um pedido de cooperação jurídica internacional em matéria penal. in: Brasil. Ministério da Justiça e Segurança Pública. Manual de Cooperação Jurídica Internacional: Matéria Penal e Recuperação de Ativos(4ª), 628. Acesso em 21 de março de 2021, disponível em https://www.justica.gov.br/sua-protecao/lavagem-de-dinheiro/institucional-2/publicacoes/arquivos/manual-penal-online-final-2.pdf

Kullok, A. (abril de 2015). Mandado Mercosul de captura: novo instrumento, velho pensamento. Revista Brasileira de Ciências Criminais: RBCCrim. Ano 23, 113, 441-445. Acesso em 27 de março de 2021, disponível em https://www.academia.edu/12736574/Mandado_Mercosul_de_captura_novo_instrumento_velho_pensamento?email_work_card=view-paper

Loureiro, C. (30 de outubro de 2018). Cooperação judiciária internacional no âmbito do Mercosul: análise comparada entre o procedimento do Mandado de Detenção Europeu e o Acordo sobre o Mandado Mercosul de Captura e Procedimentos de Entrega entre os Estados Partes do Mercosul e Estados Assoc. Coimbra, Portugal: Dissertação de mestrado. Faculdade de Direito da Universidade de Coimbra. embargoedAcces. Acesso em 21 de março de 2021, disponível em http://hdl.handle.net/10316/85810

Macorin , P. (2019). A prisão cautelar para fins de extradição no direito brasileiro: abordagem sobre a cooperação jurídica internacional e a centralidade dos direitos humanos. Acesso em 19 de mar de 2021, disponível em Dissertação (Mestrado em Direito Constitucional) - Instituto Brasileiro de Ensino. repositório: https://repositorio.idp.edu.br/handle/123456789/2961

Mercosul. (22 de dezembro de 2020). MERCOSUL. Presidência paraguaia 2020 propõe fortalecer a integração regional para oferecer benefícios concretos às pessoas. Acesso em 22 de março de 2021, disponível em Mercosur. Ministério das Relações Exteriores - República do Paraguai: https://www.mercosur.int/pt-br/mercosul-presidencia-paraguaia-2020-propoe-fortalecer-a-integracao-regional-para-oferecer-beneficios-concretos-as-pessoas/

Mercosul. (s.d.). Textos Fundacionais. Acesso em 25 de março de 2021, disponível em mercosur: https://www.mercosur.int/pt-br/documentos-e-normativa/textos-fundacionais/

Mercosur. (s.d.). Tratado de Assunção para a Constituição de um Mercado Comum. Acesso em 25 de março de 2021, disponível em Mercosur: https://www.mercosur.int/pt-br/documento/tratado-de-assuncao-para-a-constituicao-de-um-mercado-comum/

MPF - Ministério Público Federal. (s.d.). Efeitos no Exterior: Cooperação ativa e passiva na Lava Jato. Acesso em 29 de abr de 2021, disponível em Grandes Casos: http://www.mpf.mp.br/grandes-casos/lava-jato/efeitos-no-exterior

Polla, R. (2021). Cooperação jurídica internacional como mecanismo para investigação criminal. Dialética.

Ribeiro, R. (2012). Mandado de Captura do Mercosul. Academia Nacional de Polícia . Fonte: Polícia Federal. Cadernos ANP.

Romero, T. (Franca 2017). Lavagem de capitais e cooperação jurídica internacional : a contribuição do GAFI. Acesso em 31 de março de 2021, disponível em Dissertação (Mestrado em Direito). Universidade Estadual Paulista. Faculdade de Ciências Humanas e Sociais, 158 p.: https://www.franca.unesp.br/Home/Pos-graduacao/Direito/thiago-giovani-romero.pdf

Russowsky, I. S. (2012). O mandado de detenção na União Europeia: um modelo para o MERCOSUL. Porto Alegre: Verbo Jurídico. Acesso em 17 de março de 2021, disponível em file:///C:/Users/EDNA/Downloads/%C3%8DRIS%20I.pdf

Souza, R., & Rocha, R. (2020). A cooperação jurídica internacional como ferramenta de combate à corrupção. Revista da Faculdade de Direito da UERJ.

Venâncio, D. (2012). O Mandado de Detenção Europeu VS. O Mandado de Captura do Mercosul: uma análise comparativa. Revista do Programa de Direito da União Europeia. Acesso em 27 de março de 2021, disponível em http://portalascom.jfpb.jus.br/biblioteca/wp-content/uploads/2017/10/revista-do-programa-de-direito-da-uniao-2.pdf